Stéphanie Dépoisse-Marczak

Alltagstauglich

Französisch

Die wichtigsten Sätze
zum Mitreden

Hueber Verlag

Ein kostenloser MP3-Download zum Buch ist unter
www.hueber.de/audioservice erhältlich.

4.	3.	2.		Die letzten Ziffern
2020	19	18	17 16	bezeichnen Zahl und Jahr des Druckes.

Alle Drucke dieser Auflage können, da unverändert,
nebeneinander benutzt werden.
1. Auflage
© 2014 Hueber Verlag GmbH & Co. KG, München, Deutschland
Umschlaggestaltung: creative partners gmbh, München
Coverfoto: © Thinkstock / Comstock Images
Co-Autor: John Stevens, Bad Münstereifel
Illustrationen: Adrian Sonnberger, www.die-illustration.de
Redaktion: Stephanie Pfeiffer, Hueber Verlag, München
Layout und Satz: Sieveking · Agentur für Kommunikation, München und Berlin
Druck und Bindung: Firmengruppe APPL, aprinta druck, Wemding
Printed in Germany
ISBN 978-3-19-107932-1

Art. 530_11069_001_02

EINFÜHRUNG

Gekonnt und sicher mitreden in vielen Alltagssituationen: Das bietet Ihnen Alltagstauglich Französisch. Hier finden Sie zu vielen gängigen Gesprächsthemen idiomatisch richtige Wendungen, Fragen und Antworten, um eine Unterhaltung auf Französisch leicht beginnen und flüssig fortführen zu können. Das Buch eignet sich zum Selbststudium, zur Auffrischung oder Verbesserung der Französischkenntnisse sowie als Begleiter auf Reisen.

Einen Überblick über die behandelten Themen bieten die folgenden zwei Seiten. Jedes Hauptkapitel (A, B, C …) enthält vier zum Thema passende Unterkapitel (1, 2, 3, 4 …). Die Unterkapitel sind tabellarisch (Französisch – Deutsch) aufgebaut und nehmen je eine Doppelseite ein. In der Randspalte finden Sie Hinweise zum Sprachgebrauch. Am Ende eines jeden Unterkapitels erfahren Sie unter der Rubrik „Gut zu wissen" allerhand Interessantes zu Sprache, Landeskunde und kulturellen Unterschieden.

Die wichtigsten Dos & Don'ts für ein gelungenes Gespräch (Umschlaginnenseite vorne), Hinweise zur Körpersprache (ab S. 110), eine kurze Grammatik-Übersicht zu „tu" und „vous" und den entsprechenden Verbformen (S. 112) sowie eine Anleitung zum Buchstabieren (Umschlaginnenseite hinten) runden das Werk ab.

Ein kostenloser MP3-Download zu allen Wendungen und Sätzen ist unter www.hueber.de/audioservice erhältlich. So können Sie die richtige Aussprache trainieren und ganz einfach unterwegs lernen und üben.

Ein paar weitere Hinweise zum Lernen mit diesem Buch:
- Das in den Beispielsätzen jeweils angegebene Personalpronomen bzw. die entsprechende Verbform (z. B. „tu es") ist selbstverständlich austauschbar (z. B. mit „vous êtes"). Eine kurze Grammatikhilfe hierzu finden Sie auf S. 112.
- Die deutschen Texte stellen nach Möglichkeit idiomatische Entsprechungen dar und keine wortwörtlichen Übersetzungen.
- Weibliche Formen werden in Klammern angegeben, z. B. désolé(e); wo dies nicht möglich ist: ♂ = männliche Form / ♀ = weibliche Form
- In kursiver Schrift werden alternative Begriffe bzw. Ausdrücke dargestellt.

Viel Erfolg wünschen Autorin und Verlag!

A

1 Première rencontre
Die erste Begegnung

Seit 2012 gibt es die Anrede *Mademoiselle* im amtlichen Französisch nicht mehr. Aber wenn man ein junges Mädchen vorstellen will, greift man immer noch darauf zurück.

Monsieur / Madame / Mademoiselle Lafontaine ?	*Herr / Frau / Frau* Lafontaine?
Excusez-moi, seriez-vous (par hasard) Monsieur Chevalier ?	Entschuldigung, sind Sie (zufällig) Herr Chevalier?
Vous devez être *Monsieur / Madame / Mademoiselle* Leroy.	Sie müssen *Herr / Frau / Frau* Leroy sein.
Bonjour.	Guten Tag.
Bonsoir.	Guten Abend.
Enchanté(e) de *faire votre connaissance / vous rencontrer.*	*Nett / Freut mich*, Sie kennenzulernen.
Je suis ravi(e) de vous rencontrer (enfin) *personnellement / en personne.*	Es ist schön, Sie (endlich) persönlich zu treffen.
Bienvenu(e) en Allemagne.	Willkommen in Deutschland.
Je vous en prie, appelez-moi Hélène.	Bitte nennen Sie mich Hélène.
Puis-je vous appeler Hélène ?	Darf ich Hélène zu Ihnen sagen?
Oui, bien sûr. Moi, c'est Éric.	Ja, gerne. Ich bin Éric.
Merci de venir me *chercher / prendre.*	Danke, dass Sie mich abholen kommen.
Pas de problème. / Je vous en prie. / Avec plaisir.	*Kein Problem. / Gern geschehen. / Gerne.*
Votre vol a-t-il été agréable ?	Hatten Sie einen guten Flug?
Comment s'est passé votre voyage ?	Wie war Ihre Reise?

Verb + Subjektpronomen ist die richtige Struktur, wenn man eine förmliche Frage stellen will. Aber bei *pouvoir* darf man nicht *Peux-je…?* schreiben, sondern *Puis-je… ?*

Il y a eu un peu de retard.	Es gab etwas Verspätung.
Il y a eu un problème avec…	Es gab ein Problem mit …
Tout s'est bien passé.	Alles ist gut gelaufen.
Puis-je vous aider à porter vos bagages ?	Kann ich Ihnen mit dem Gepäck helfen?
Dois-je prendre la valise ?	Soll ich den Koffer nehmen?
Laissez-moi porter le sac.	Lassen Sie mich die Tasche tragen.
Ce serait super.	Das wäre toll.
C'est très *gentil / aimable*.	Das ist sehr freundlich.
Non merci. J'y arrive très bien.	Danke (nein). Ich schaffe das schon.
On y va ?	Wollen wir gehen?
Par ici, ce n'est pas loin.	Hier (ent)lang, es ist nicht weit.
Nous allons prendre un taxi.	Wir nehmen ein Taxi.
Nous devons prendre *le train / le bus.*	Wir müssen *die Bahn / den Bus* nehmen.
C'est à … minutes environ.	Es sind etwa … Minuten.
Il faut *une demi-heure / une heure.*	Wir brauchen *eine halbe Stunde / eine Stunde*.
Ma voiture est juste devant *la porte / l'entrée.*	Mein Auto steht direkt *vor der Tür / vorm Eingang*.
La voiture est garée *sur le parking / dans le parking.*	Das Auto steht *auf dem Parkplatz / im Parkhaus*.

Aimable ist recht förmlich.

Gut zu wissen!
Siezen oder duzen? Bei der ersten Begegnung sollte man seinen Gesprächspartner / seine Gesprächspartnerin konsequent siezen, alles andere wirkt (sehr) unhöflich. Außerdem gibt man sich bei der ersten Begegnung sowie bei beruflichen Aufeinandertreffen die Hand.

A

Begrüßen,
Vorstellen und
Verabschieden

2 Se revoir
Sich wieder treffen

Salut Michel !	Hallo Michel!
Content(e) de te revoir.	Schön, dich wiederzusehen.
Également. / Toi aussi.	*Ebenso. / Dich auch.*
Comment ça va ?	Wie geht's?
Alors, comment ça va ?	Wie geht's denn so?
Bien. / Super.	*Gut. / Super.*
Cela / Ça fait longtemps qu'on ne s'est pas vu(e)s.	Lange nicht gesehen.
Ça fait *longtemps / un moment* déjà.	Es ist schon lange her.
Ça fait combien de temps ?	Wie lange ist das her?
La dernière fois, c'était…	Das letzte Mal war …
Tu n'as pas du tout changé.	Du hast dich überhaupt nicht verändert.
Je suis surpris(e) que tu me reconnaisses encore.	Mich wundert's, dass du mich überhaupt noch wiedererkennst.
J'ai *perdu quelques cheveux / un peu grossi.*	Ich habe *ein paar Haare verloren / ein bisschen zugenommen.*
Tu as *maigri / perdu du poids.*	Du hast abgenommen.
Tu as changé de coiffure.	Du trägst die Haare anders.
Cela / Ça te va bien.	Es steht dir.
Tu as l'air super.	Du siehst toll aus.
Alors, tu te souviens encore du chemin pour venir chez *moi / nous.*	Du hast also noch zu *mir / uns* gefunden.

Cela ist förmlicher als *ça* und wird meist in der Schriftsprache verwendet.

Nach Ausdrücken des Erstaunens steht der Subjonctif: *être surpris(e) que* + Subjonctif

8

Tu as trouvé le nouvel appartement.	Du hast die neue Wohnung gefunden.
Tu as trouvé facilement ?	War's schwierig, hierher zu finden?
Cela / Ça fait vraiment plaisir de te revoir.	Es ist wirklich schön, dich wiederzusehen.
Je suis vraiment très ♂ heureux / ♀ heureuse que *tu aies réussi cela / ça ait marché.*	Ich freue mich wirklich sehr, dass *du es geschafft hast / es geklappt hat.*
Tu ne peux pas savoir combien tu m'as manqué.	Ich kann dir gar nicht sagen, wie sehr du mir gefehlt hast.
Quoi de neuf ?	Gibt's was Neues?
Beaucoup de choses se sont passées.	Es hat sich viel getan.
Tout est comme avant.	Es ist eigentlich alles beim Alten geblieben.
Je ne sais plus vraiment quand tu es venu(e) ici pour la dernière fois.	Ich weiß nicht mehr genau, wann du das letzte Mal hier warst.
Comment va Julie ?	Wie geht es Julie?
Comment vont Martin et Sandra ?	Wie geht es Martin und Sandra?
Rebecca est (très) heureuse de *te revoir / faire ta connaissance.*	Rebecca freut sich (sehr) darauf, dich *wiederzusehen / kennenzulernen.*
Il y a quelqu'un qui est impatient(e) de te connaître.	Es gibt jemanden, der es kaum erwarten kann, dich kennenzulernen.
Tout *cela / ça* me semble si familier.	Das kommt mir alles sehr bekannt vor.
Tout a changé.	Das alles ist jetzt anders.

Vor einem Vokal oder stummen h im Singular verwendet man *nouvel* und nicht ~~nouveau~~.

Gut zu wissen!
Fragen nach dem Befinden beantwortet man zurückhaltend und ohne ins Detail zu gehen mit *bien*, *très bien* oder *pas mal*. Ein Gesundheitsbericht wird nicht erwartet!

A

Begrüßen, Vorstellen und Verabschieden

3 Présenter quelqu'un
Sich untereinander
bekannt machen

Connaissez-vous Bernard, mon mari ?	Kennen Sie meinen Mann Bernard?
Avez-vous déjà rencontré Anne, ma collègue ?	Haben Sie schon meine Kollegin Anne kennengelernt?
Est-ce que tu connais quelqu'un ici ?	Kennst du hier irgendjemanden?
Viens, je te présente Susanne.	Komm, ich stelle dir Susanne vor.
J'aimerais / Je souhaiterais vous présenter à Julie Masson.	Ich möchte Sie gerne mit Julie Masson bekannt machen.
Puis-je vous présenter Julien Leroi ?	Darf ich Ihnen Julien Leroi vorstellen?
C'est Michel Lévêque.	Das ist Michel Lévêque.
Ce sont Rebecca et Martin.	Das sind Rebecca und Martin.
C'est...	Das ist …
… mon compagnon / ma compagne.	*… mein Partner / meine Partnerin.*
… mon mari / ma femme.	*… mein Mann / meine Frau.*
… mon fils / ma fille.	*… mein Sohn / meine Tochter.*
… mon petit ami / ma petite amie.	*… mein (fester) Freund / meine (feste) Freundin.*
… mon associé(e).	*… mein(e) Geschäftspartner(in).*
C'est...	*Er ist / Sie ist …*
… mon patron / ma patronne.	*… mein Chef / meine Chefin.*

Um eine Person vorzustellen oder einen Gegenstand zu identifizieren, verwendet man *c'est* + Singular bzw. *ce sont* + Plural.

Vor weiblichen Substantiven, die mit Vokal oder stummem h beginnen, werden *ma, ta, sa* zu *mon, ton, son*.

… *un collègue / une collègue* à moi.	… *ein Kollege / eine Kollegin* von mir.
… *un bon ami / une bonne amie* à moi.	… *ein guter Freund / eine gute Freundin* von mir.
… notre voisin(e).	… unser(e) Nachbar(in).
Nous ne nous connaissons pas encore, n'est-ce pas ?	Wir kennen uns noch nicht, oder?
Excusez-moi, mais nous nous sommes déjà rencontré(e)s, je crois ?	Entschuldigung, aber wir sind uns glaube ich schon einmal begegnet?
Puis-je me présenter ?	Darf ich mich vorstellen?
J'ai déjà *beaucoup / tellement* entendu parler de vous.	Ich habe schon *viel / so viel* über Sie gehört.
Ne nous sommes-nous pas déjà téléphoné ?	Haben wir nicht schon miteinander telefoniert?
J'ai tout de suite reconnu votre *visage / voix*.	*Ihr Gesicht / Ihre Stimme* kam mir gleich bekannt vor.
Je savais que nous nous étions déjà rencontré(e)s quelque part.	Ich wusste, dass wir uns bereits irgendwo begegnet sind.
Malheureusement, j'ai beaucoup de mal à me souvenir des noms.	Leider kann ich mir Namen ganz schlecht merken.
J'ai peur qu'il y ait un malentendu.	Ich fürchte, hier liegt ein Missverständnis vor.
Je crois que vous me confondez avec quelqu'un d'autre.	Ich glaube, Sie verwechseln mich mit jemand anderem.
Ah, désolé(e). Vous lui ressemblez vraiment beaucoup.	Ach, Entschuldigung. Sie sehen genauso aus wie *er / sie*.

Nach Ausdrücken der Angst steht der Subjonctif: *avoir peur que* + Subjonctif

Das indirekte Objektpronomen *lui* (3. Person Singular) steht sowohl für männliche als auch weibliche Objekte.

Gut zu wissen!
Unter Freundinnen – und manchmal auch in beruflichen Situationen – küssen sich Frauen auf die Wange: *elles se font la bise*. Männer reichen sich im Allgemeinen die Hand.
Innerhalb der Familie küsst man sich: Die Anzahl der Küsse (von 1 bis 4) variiert je nach Region.

Salut verwendet
man sowohl zur
Begrüßung als auch
zur Verabschiedung.

4 Prendre congé
Sich verabschieden

Au revoir.	Auf Wiedersehen.
Salut.	Tschüss.
À *bientôt / la prochaine*.	Bis *bald / demnächst*.
Prends soin de toi.	Pass auf dich auf.
À dimanche prochain.	Bis nächsten Sonntag.
Cela / Ça m'a fait plaisir de te revoir.	Es war schön, dich wiederzusehen.
J'ai été ravi(e) de *vous connaître / faire votre connaissance*.	Es hat mich gefreut, Sie kennenzulernen.
Je me réjouis de vous revoir bientôt.	Ich freue mich darauf, Sie bald wiederzusehen.
J'espère qu'on se reverra rapidement.	Ich hoffe, wir sehen uns bald wieder.
Nous nous reverrons à Paris, au plus tard.	Wir sehen uns dann in Paris, wenn nicht früher.
Bon vol !	Guten Flug!
Rentrez bien.	Kommen Sie gut nach Hause.
J'espère que tout *ira / se passera* bien.	Ich hoffe, dass alles gut geht.
Envoie-moi un *SMS / texto* si tu as le moindre problème.	Schick mir eine SMS, wenn es irgendwelche Probleme gibt.
Passe un petit coup de fil dès que tu es à la maison.	Ruf kurz durch, wenn du zu Hause bist.
Préviens-moi quand tu es arrivé(e).	Gib mir Bescheid, wenn du angekommen bist.
Bien le bonjour à Carsten.	Liebe Grüße an Carsten.

Donne le bonjour à Annie de ma part.	Grüß mir Annie.
Le bonjour à Rémi.	Schöne Grüße an Rémi.
Saluez votre femme de ma part.	Grüßen Sie Ihre Frau von mir.
On reste en contact.	Lass uns in Kontakt bleiben.
N'oublie pas de me prévenir si tu *es à nouveau / reviens* dans la région.	Vergiss nicht, mir Bescheid zu geben, wenn du wieder einmal in der Gegend bist.
Nous avons toujours une chambre libre.	Wir haben immer ein Bett frei.
Tu peux passer quand tu veux.	Du kannst jederzeit vorbeischauen.
Vous savez que vous êtes toujours les bienvenu(e)s chez nous.	Sie sind uns immer willkommen, das wissen Sie.
J'ai peur de devoir bientôt partir.	Ich fürchte, ich muss bald gehen.
Malheureusement, je dois y aller maintenant.	Ich muss jetzt leider los.
Veuillez m'excuser, s'il vous plaît.	Wenn Sie mich bitte entschuldigen?
Il est temps de partir.	Es wird Zeit zu gehen.
Il est temps de prendre la route.	Es ist Zeit, dass ich mich auf den Weg mache.
Je dois y aller.	Ich muss los.
Non, je dois vraiment y aller maintenant.	Nein, ich muss jetzt wirklich gehen.

An einen Mann allein gerichtet lautet der Satz: *... vous êtes toujours le bienvenu chez nous.* Und bei einer Frau sagt man: *... vous êtes toujours la bienvenue chez nous.*

Gut zu wissen!
Die Verabschiedung ist meist ein heikler Moment und allgemeine Höflichkeitsregeln sind schwer zu formulieren. Das Wichtigste: Nicht zu abrupt abbrechen und reichlich *s'il vous plaît* und *merci* verwenden!
Besonders höflich ist es, am Tag darauf zu telefonieren, sich nochmals zu bedanken und vorzuschlagen, sich schnell wiederzusehen.

5 Demander et remercier
Bitte und danke

Un *moment / instant*, s'il vous plaît.	Einen Augenblick, bitte.
Avez-vous besoin d'aide ? – Oui, *merci / volontiers*.	Benötigen Sie Hilfe? – Ja, gern.
Pouvez-vous mettre cela sur ma note d'hôtel, s'il vous plaît ?	Können Sie es bitte auf meine Zimmerrechnung setzen?
Voudriez-vous m'indiquer le chemin, s'il vous plaît ?	Würden Sie mir bitte den Weg zeigen?
Pourriez-vous signer ici, s'il vous plaît ?	Würden Sie bitte hier unterschreiben?
Seriez-vous assez aimable pour bouger votre voiture ?	Wären Sie bitte so freundlich, Ihr Auto umzuparken?
Cela vous dérangerait-il d'attendre ici ?	Würde es Ihnen etwas ausmachen, hier zu warten?
Est-ce que je pourrais vous demander de… ?	Ob ich Sie wohl darum bitten könnte, … ?
Seriez-vous d'accord pour que j'amène *un ami / une amie* ?	Hätten Sie etwas dagegen, wenn ich *einen Freund / eine Freundin* mitbringe?
Merci.	Danke.
Je *vous / te* remercie.	Ich danke *Ihnen / dir*.
Merci beaucoup.	Vielen Dank.
Tous mes remerciements.	Vielen herzlichen Dank.
Pourrais-je avoir encore un peu de café ? – Mais bien sûr, je vous en prie.	Könnte ich noch etwas Kaffee haben? – Aber natürlich, bitte sehr.

Bitten werden oft mit dem Conditionnel ausgedrückt. Häufige Konstruktion: Modalverb im Conditionnel (*voudriez-vous, pourriez-vous, …*) + Infinitiv.

pour que + Subjonctif

Voulez-vous encore un peu de café ? – Non, merci.	Möchten Sie noch etwas Kaffee? – Danke (nein).
Merci. – Pas de problème.	Danke. – Kein Problem.
Merci. – Je vous en prie.	Danke. – Bitte. *(Sie-Form)*
Merci. – Je t'en prie.	Danke. – Bitte. *(Du-Form)*
Merci. – *Il n'y a pas de quoi. / De rien.*	Danke. – Gern geschehen.
Merci. – Quand vous voulez.	Danke. – Jederzeit gern. *(Sie-Form)*
Merci. – Quand tu veux.	Danke. – Jederzeit gern. *(Du-Form)*
Vous avez été d'une grande aide.	Sie waren mir eine große Hilfe.
C'est très *aimable / gentil* de ta part.	Das ist sehr *freundlich / lieb* von dir.

Vorsicht: *Merci* allein (ohne *non* davor), wird – anders als im Deutschen – als Zustimmung und nicht als Ablehnung verstanden.

Gut zu wissen!
Es gibt im Französischen drei Möglichkeiten, eine Frage zu stellen:
- *Veux-tu aller au cinéma ?* Die **Inversionsfrage** (Umkehrung von Subjekt und Verb) ist in der gesprochenen Sprache selten, weil sehr förmlich. In der Schriftsprache dagegen ist es die am häufigsten verwendete Frageform.
- *Tu veux aller au cinéma ?* Bei der **Intonationsfrage** wird die Frage durch die steigende Satzmelodie markiert. Die Wortstellung des Aussagesatzes bleibt dabei erhalten.
- *Est-ce que tu veux aller au cinéma ?* Bei der **Est-ce que-Frage** bleibt die Wortstellung des Aussagesatzes ebenfalls erhalten. *Est-ce que* wird einfach vorangestellt.

Für das deutsche „bitte" gibt es im Französischen mehrere Entsprechungen.
- „bitte" bei einer Bitte oder Aufforderung: *Un verre de vin, **s'il vous plaît**.*
- „bitte (schön)" beim Überreichen eines Gegenstands: ***Voilà.*** *Un verre de vin.*
- „bitte (schön)" als Reaktion auf einen Dank: *Merci beaucoup. – **Pas de problème. / Je vous en prie.***
- „(wie) bitte?": ***Pardon ? / Excusez-moi ?***

6 Présenter des excuses
Sich entschuldigen

Désolé(e).	Tut mir leid.
Je suis *vraiment / tellement / affreusement / terriblement* désolé(e).	Es tut mir *wirklich / so / furchtbar / schrecklich* leid.
Pardon / Excusez-moi, je ne vous avais pas vu(e).	Entschuldigung, ich habe Sie nicht gesehen.
Je ne voulais pas vous *mettre en colère / déranger.*	Ich wollte Sie nicht *verärgern / stören.*
Excusez-moi(, s'il vous plaît).	Entschuldigen Sie(, bitte).
Excuse-moi.	Entschuldige.
Pardon.	Entschuldigung.
Excusez-moi de vous / Excuse-moi de te déranger.	Entschuldigung, dass ich *Sie / dich* störe.
Pardon d'être en retard.	Entschuldigung, dass ich zu spät komme.
Toutes mes excuses.	Meine allerherzlichste Entschuldigung.
Je vous prie sincèrement de m'excuser.	Ich bitte Sie aufrichtig um Entschuldigung.
Je ne l'ai pas fait exprès.	Das war keine Absicht.
Je ne comprends pas comment cela a pu se passer.	Ich verstehe nicht, wie das passieren konnte.
Cela n'aurait jamais dû se passer.	Das hätte nie passieren dürfen.
C'est vraiment très *embarras-sant / gênant* (pour moi).	Das ist (mir) wirklich sehr peinlich.

excusez-moi de +
Infinitiv

je vous prie de +
Infinitiv

Il semble qu'il y ait un malentendu.	Es scheint ein Missverständnis vorzuliegen.
Il doit y avoir une erreur.	Es muss sich um einen Fehler handeln.
Quelque chose s'est mal passé.	Es ist etwas schief gelaufen.
Il y a eu une véritable confusion.	Es gab ein richtiges Durcheinander.
Je ne savais pas que vous aviez de la visite.	Ich wusste nicht, dass Sie Besuch haben.
J'ai malheureusement été retenu(e).	Ich bin leider aufgehalten worden.
Je ne vous attendais pas si tôt.	So früh habe ich Sie gar nicht erwartet.
Pardon. – Pas de problème.	Entschuldigung. – Kein Problem.
Tout est pour le mieux.	Es ist alles in Ordnung.
Ne te fais pas de souci.	Mach dir keine Sorgen.
Ce n'est pas grave.	Es macht doch nichts.
Ça m'est égal.	Das ist mir egal.
N'importe.	Ist egal.
Ça fait rien.	Macht nix.

Nach Ausdrücken der Unsicherheit und des Zweifels steht der Subjonctif: *il semble que* + Subjonctif

Gut zu wissen!

Für Entschuldigungen im Französischen gilt:
- *Excusez-moi* bzw. *Excuse-moi* und *Pardon* verwendet man, um jemanden anzusprechen oder zu unterbrechen, bevor man etwas tut.
- *Désolé(e), Pardonnez-moi* bzw. *Pardonnes-moi* und *Excusez-moi* bzw. *Excuse-moi*, verwendet man um sich für etwas zu entschuldigen, nachdem man es getan hat.

Je nach Tonlage können *Excusez-moi* und *Pardon* auch der Anfang einer Kritik oder verbalen Attacke sein: *Excusez-moi / Pardon, mais je pense que vous avez totalement tort.* (Entschuldigen Sie, aber ich denke, dass Sie da völlig falsch liegen.)

7 Pouvez-vous répéter ?
Können Sie das wiederholen?

Parlez-vous *français / allemand* ?	Sprechen Sie *Französisch / Deutsch*?
Oui, (mais seulement) un peu.	Ja, (aber nur) ein wenig.
Est-ce que vous comprenez ?	Verstehen Sie?
Pouvez-vous me suivre ?	Können Sie mir folgen?
Je *comprends / vois*.	(Ich) verstehe.
Pardon ? / Excusez-moi ?	Wie bitte?
Désolé(e), je ne comprends pas.	Entschuldigung, ich verstehe (das) nicht.
Désolé(e), je n'ai pas (très bien) *suivi / saisi*.	Tut mir leid, das habe ich leider nicht (ganz) mitbekommen.
Excusez-moi, qu'est-ce que vous avez dit ?	Entschuldigung, was haben Sie gesagt?
Pourriez-vous parler un peu plus *lentement / fort*, s'il vous plaît ?	Könnten Sie bitte etwas *langsamer / lauter* sprechen?
Pardonnez-moi, pourriez-vous répéter, s'il vous plaît ?	Entschuldigung, könnten Sie das bitte wiederholen?
Pouvez-vous exprimer cela autrement ?	Können Sie das anders ausdrücken?
Pourriez-vous me l'écrire, s'il vous plaît ?	Könnten Sie es mir bitte aufschreiben?
C'est avec un L ou deux L ?	Ist das mit einem oder zwei L?
Ça s'écrit avec un S majuscule ou un S minuscule ?	Ist das ein großes oder kleines S?

Mehr zum Thema Fragesatz finden Sie in Kapitel 5.

Mehr zu *désolé, pardon* und *excusez-moi* finden Sie in Kapitel 6.

Auf eine Frage mit *Est-ce que… ?* antwortet man mit *oui* oder *non*. Bei einer Frage mit *Qu'est-ce que… ?* (Was?) wird eine ausführliche Antwort erwartet.

Weitere Hinweise zum Buchstabieren finden Sie im Anhang.

Voulez-vous dire... ?	*Meinen Sie ... ? / Wollen Sie ... sagen?*
Que signifie... ?	Was bedeutet ...?
Désolé(e), je ne connais pas le mot français pour...	Ich kenne leider das französische Wort für ... nicht.
Comment dit-on... en français ?	Wie heißt ... auf Französisch?
Comment dit-on cela en français ?	Wie heißt das auf Französisch?
Que dit-on en français *quand / si* on a besoin d'un médecin ?	Was sagt man auf Französisch, wenn man einen Arzt braucht?
Comment dire en français que... ?	Wie sage ich auf Französisch, dass ...?
Quel est l'équivalent *français / allemand* ?	Wie lautet die *französische / deutsche* Entsprechung?
Pouvez-vous me *donner / citer* un exemple ?	Können Sie mir ein Beispiel nennen?
Comment est-ce qu'on prononce cela ?	Wie spricht man das aus?
Comment écrit-on cela ?	Wie schreibt man das?
Excusez-moi, je crois que je me suis mal exprimé(e).	Entschuldigen Sie, ich glaube, ich habe mich falsch ausgedrückt.
J'essaie de le dire autrement.	Ich versuche, es anders zu sagen.
Ce que je voulais dire (en fait), c'était...	Was ich (eigentlich) sagen wollte, war ...

Sprachen und Nationalitäten werden im Französischen kleingeschrieben: *Michèle est française et Antonio est italien.* Nur die Einwohner eines Landes, einer Region oder einer Stadt werden großgeschrieben: *Les Allemands aiment voyager.*

Gut zu wissen!
Wenn einem die Worte fehlen, ist Kreativität gefordert –
Mimik, Gestik, Geräusche machen oder Zeichnen. Meist
ist die Reaktion des Gegenübers freundlich, vielleicht
gibt es auch einen Lacher. Einleiten kann man diese Art
der Kommunikation dann mit einem Satz wie: *Pardon, je
suis complètement perdu(e) !* (Entschuldigung, aber ich weiß
nicht mehr weiter.)

B

8 Poursuivre une conversation
Gespräche in Gang halten

Wenn der Gesprächspartner auf einen Kommentar mit *C'est intéressant* und besonders *Comme c'est intéressant !* reagiert, kann das genau das Gegenteil bedeuten. Hier macht der Ton die Musik.

Ah bon ? / Ah, vraiment ?	*Ach so? / Ach wirklich?*
C'est vraiment intéressant.	Das ist ja interessant.
Comme c'est intéressant !	Wie interessant.
Je ne le savais pas.	Das wusste ich nicht.
Je n'en avais jamais entendu parler.	Davon habe ich noch nie etwas gehört.
C'est vraiment *génial / magnifique / fantastique* !	Das ist ja *großartig / wunderbar / fantastisch*!
Est-ce que ce n'est pas tout simplement génial ?	Ist das nicht einfach großartig?
Cool !	Cool!
Pas possible !	Das ist doch nicht möglich.
Jamais de la vie !	Nie im Leben!
C'est pas vrai !	Das darf doch nicht wahr sein!
Sapristi ! / Bonté divine !	Ach du meine Güte.
Zut !	Verdammt!
Je ne sais pas quoi dire.	Ich weiß nicht, was ich sagen soll.
Je n'ai pas de mot.	Ich bin sprachlos.
C'est la première fois que j'entends ça.	Das höre ich zum ersten Mal.
Et alors, qu'est-ce qui s'est passé ?	Was ist dann passiert?
Comment l'avez-vous découvert ?	Wie haben Sie es herausgefunden?
(Et après,) qu'est-ce que tu as fait ?	Was hast du (dann) gemacht?

Vermeiden Sie Fragen, die einfach mit *oui* oder *non* beantwortet werden können. Stellen Sie stattdessen sogenannte „offene" Fragen mit *Qui ?, Quoi ?, Quand ?, Où ?, Pourquoi ?, Comment ?*

Finalement, quand êtes-vous arrivé(e) ?	Wann sind Sie dann letztendlich angekommen?
C'est terrible !	Wie schrecklich!
Ça a dû être compliqué.	Das muss ja schwierig gewesen sein.
Ça semble particulièrement *atroce / monstrueux.*	Das klingt ziemlich scheußlich.
Quelle situation insolite !	Was für eine ungewöhnliche Situation.
Je ne sais pas ce que j'aurais fait.	Ich weiß nicht, was ich gemacht hätte.
Je trouve toujours que…	Ich finde immer, dass …
Cela / Ça m'est déjà arrivé une fois.	So etwas ist mir auch schon mal passiert.
Cela / Ça me rend toujours complètement ♂ fou / ♀ folle.	So etwas bringt mich immer gleich auf die Palme.
Je connais ça très bien.	Das kenne ich nur zu gut.
Répétez-moi ça !	Wie war das noch einmal?
Vous avez vraiment dû… ?	Musstet ihr wirklich …?
Et comment *a-t-il / a-t-elle* réagi ?	Und wie hat *er / sie* reagiert?
Qu'est-ce qu'elle a dit ?	Was hat sie dann gesagt?
Qu'est-ce qu'il a fait ?	Was hat er dann getan?
Et c'est tout ?	Und das war's dann?

In der Schriftsprache steht ein Ausrufezeichen am Ende eines Satzes, der mit einem Ausruf wie *quelle* oder *comme* beginnt.

Vous avez vraiment dû + Infinitiv

Gut zu wissen!
In der französischen Schriftsprache werden Ausrufezeichen nicht sehr häufig verwendet. Ein Ausrufezeichen steht in der Regel am Ende eines Satzes, der mit einem Ausruf wie *quelle* (was für …) oder *comme* (oh wie …) beginnt: *Comme c'est intéressant ! Quelle incroyable nouvelle !* In der gesprochenen Sprache übernehmen Betonungen die Aufgabe von Ausrufezeichen: Das Wort, das besonders hervorgehoben werden soll wird am Wortanfang betont: *Il est **vraiment** intelligent ! C'est une voiture **pui**ssante !*

C

Miteinander ins Gespräch kommen

9

Parler des origines
Über die Herkunft
sprechen

Nicht vergessen:
Großgeschrieben
werden nur Länder-
namen (*l'Allemagne,
le Portugal, la Chine*)
und die Einwohner
eines Landes (*les
Allemands, les Portu-
gais, les Chinois*).

être oder *venir* + *de* +
Land

Alors, d'où venez-vous ?	Und woher kommen Sie?
Où est votre chez-vous ?	Wo sind Sie zu Hause?
D'où êtes-vous originaire ?	Wo kommen Sie ursprünglich her?
Cela se trouve dans quelle région ?	Welcher Landesteil ist das?
Laissez-moi deviner : vous êtes canadien(ne) ?	Lassen Sie mich raten: Sie sind Kanadier(in)?
Vous ne seriez pas martiniquais(e), par hasard ?	Sind Sie zufällig von Martinique?
Je viens …	Ich bin …
… d'Allemagne.	… aus Deutschland.
… d'Autriche.	… aus Österreich.
… de Suisse.	… aus der Schweiz.
Je viens d'un lieu *appelé / qui s'appelle*…	Ich bin aus einem Ort namens …
Cela se trouve *au nord / au sud / à l'est / à l'ouest.*	Das liegt *im Norden / im Süden / im Osten / im Westen.*
Cela se trouve *au nord / au sud / à l'est / à l'ouest* de Cologne.	Es liegt *nördlich / südlich / östlich / westlich* von Köln.
Cela se trouve *près / à proximité* de Berlin.	Es liegt in der Nähe von Berlin.
Ce n'est pas loin de Hambourg.	Es ist nicht weit entfernt von Hamburg.
Cela se trouve *sur le Rhin / dans la Forêt Noire / au bord de la mer.*	Es liegt *am Rhein / im Schwarzwald / am Meer.*

C'est en *Westphalie-Rhénanie-du-Nord / Bavière / (Basse-)Saxe*.	Es liegt in *Nordrhein-Westfalen / Bayern / (Nieder-)Sachsen*.
C'est un tout petit village.	Es ist ein winzig kleiner Ort.
C'est au milieu de nulle part.	Es ist mitten im Nirgendwo.
Vous n'en avez certainement jamais entendu parler.	Sie haben wahrscheinlich nie davon gehört.
Ce n'est pas vraiment le centre du monde.	Es ist nicht gerade der Mittelpunkt der Welt.
Ne vous en faites pas si vous n'en avez jamais entendu parler. Moi non plus, jusqu'à ce que j'y emménage.	Denken Sie sich nichts, wenn Sie nie davon gehört haben. Das hatte ich auch nicht, bis ich dorthin gezogen bin!
Cela me plaît. C'est un lieu où il fait bon vivre.	Mir gefällt es. Dort lässt es sich gut leben.
Le coin / L'endroit est plutôt désert.	*Die Gegend / Der Ort* ist eher öde.
Je suis né(e) *à / en / au*…	Ich bin in … geboren.
Je suis originaire de…	Ursprünglich bin ich aus …
Il y a quatre ans, j'ai emménagé à Munich.	Ich bin vor vier Jahren nach München gezogen.
Alors, c'est votre première fois ici ?	Sind Sie denn das erste Mal hier?
C'est votre premier voyage à Vienne ?	Ist das Ihre erste Reise nach Wien?

Das Pronomen *y* ersetzt eine Ortsangabe (dorthin). Das Pronomen *en* ersetzt ein indirektes Objekt, das mit *de* eingeführt wurde (davon).

Zum Gebrauch der Präpositionen siehe „Gut zu Wissen!" am Ende dieser Seite.

> **Gut zu wissen!**
> Für Ortsangaben verwendet man die folgenden Präpositionen:
> • *à* + Stadt: *à Berlin, à Lisbonne, à Rome*
> • *en* + weibliche Ländernamen und Regionen (diese enden meist auf *-e*): *en Espagne, en Allemagne, en Provence, en Alsace*
> • *au* + männliche Ländernamen: *au Japon, au Portugal*
> • *aux* + Ländernamen im Plural: *aux États-Unis, aux Pays-Bas*
> • *dans le* + männliche Namen von Gegenden: *dans le Périgord, dans le Bordelais*

C

Miteinander
ins Gespräch
kommen

10 Parler du temps qu'il fait
Über das Wetter sprechen

Quel temps ! wird im
negativen Sinne auch
ohne Adjektiv benutzt.

Nicht: ~~Il est chaud.~~
oder ~~C'est froid.~~
Das Wetter beschreibt
man mit:
- *il fait* + Adjektiv:
  Il fait mauvais / beau.
- *il y a* + Substantiv:
  *Il y a du soleil /
  des nuages.*
- *il* + Verb: *Il pleut /
  neige.*

Belle journée aujourd'hui, n'est-ce pas ?	Schöner Tag heute, nicht wahr?
Il ne fait pas très beau aujourd'hui, pas vrai ?	Kein sehr schöner Tag heute, nicht wahr?
Quel temps *magnifique / splendide* !	Was für ein *herrliches / wunderbares* Wetter.
Quel temps (*affreux / horrible*) !	Was für ein schreckliches Wetter!
Il fait meilleur *qu'hier / que ce matin*.	Es ist besser als *gestern / heute Morgen*.
Il fait si *chaud / froid*.	Es ist so *heiß / kalt*.
Il y a du *vent / brouillard*.	Es ist *windig / neblig*.
Cette pluie / Ce vent / Ce brouillard, c'est affreux, non ?	Dieser *Regen / Wind / Nebel* ist schrecklich, oder?
Au moins, il ne pleut pas.	Wenigstens regnet es nicht.
Ça fait du bien / C'est bon de voir à nouveau le soleil.	Es ist schön, mal wieder die Sonne zu sehen.
Quel temps fait-il normalement ici ?	Wie ist das Wetter hier normalerweise?
C'est souvent comme ça ici.	Es ist oft so hier.
Nous n'avons pas beaucoup de neige.	Wir haben nicht viel Schnee.
Je n'aime pas du tout *l'hiver / le froid*.	Ich mag *den Winter / die Kälte* überhaupt nicht.
J'adore le *printemps / soleil*.	Ich liebe *den Frühling / die Sonne*.
Je ne supporte pas la chaleur.	Ich vertrage die Hitze nicht.
Ça ne me fait rien.	Mir macht das nichts aus.

Le froid était vraiment piquant, la nuit dernière.	Der Frost war ganz schön knackig letzte Nacht.
Hier, il a plu à seaux.	Gestern hat es nur geschüttet.
Du soleil du matin au soir. Fantastique !	Sonne von morgens bis abends. Fantastisch!
Mieux / Pire, ce n'est pas possible.	*Besser / Schlimmer* könnte es nicht sein.
Que dit / Qu'annonce la météo ?	Wie ist die Wettervorhersage?
Le temps devrait être *sec / humide / nuageux / ensoleillé*.	Es soll *trocken / nass / bewölkt / sonnig* sein.
Ils ont annoncé de la neige.	Sie haben Schnee vorhergesagt.
Ce sera pire / Il fera plus chaud / Il fera plus froid.	Es soll *schlechter / wärmer / kälter* werden.
Ça va s'améliorer.	Es wird besser.
La plupart du temps, la journée restera venteuse.	Es bleibt den größten Teil des Tages windig.
Cela devrait *s'éclaircir / se refroidir* plus tard.	Es soll sich später *aufhellen / abkühlen*.
Il fait moins six degrés.	Es sind minus sechs Grad.
Les températures sont en-dessous de zéro.	Wir haben Temperaturen unter dem Gefrierpunkt.
Il fait plus de 30 degrés.	Es sind über 30 Grad.

Mieux ist die unregelmäßige Komparativform von *bien* (gut). *Pire* ist der unregelmäßige Komparativ von *mauvais* (schlecht / schlimm).

Gut zu wissen!
Parler de la pluie et du beau temps bedeutet nicht, dass man über das Wetter spricht, sondern dass man über Gott und die Welt redet (Small Talk). Es gibt viele umgangssprachliche Ausdrücke für das Wetter:
Wenn das Wetter besonders schlecht ist (ein Hundewetter): *Il fait un temps de chien !*
Wenn es sehr kalt ist (wörtlich: eine Entenkälte): *Il fait un froid de canard !*
Wenn es zu warm ist (eine Mordshitze): *Il fait une chaleur à mourir !*
Wenn es viel (= aus Kübeln) regnet: *Il pleut à seaux !*

11 Gentillesses et compliments
Nettigkeiten und Komplimente

C'est...	*Es / Das* ist ...
... beau !	... schön!
... adorable / magnifique !	... wunderschön!
... génial !	... großartig!
... fantastique !	... fantastisch!
Tu es superbe.	Du siehst großartig aus.
Tu as une mine splendide.	Du siehst sehr gut aus.
Tu n'as pas du tout changé.	Du hast dich überhaupt nicht verändert.
Tu n'as pas pris une ride.	Du siehst so jung aus wie eh und je.
La couleur te va vraiment bien.	Die Farbe steht dir wirklich gut.
Tes vêtements sont vraiment cools !	Dein Outfit ist echt cool.
Quel appartement splendide !	Was für eine wunderschöne Wohnung.
Quelles belles fleurs !	Was für schöne Blumen!
Quelle vue magnifique !	Was für eine herrliche Aussicht!
Cet endroit / Ce lieu dégage une atmosphère géniale.	Dieser Ort hat eine tolle Atmosphäre.
C'est si calme et paisible.	Es ist so still und friedlich.
C'est plein de vie.	Es ist voller Leben.
C'est *délicieux / vraiment délicieux.*	Das ist *köstlich / richtig lecker.*
C'est un vin fantastique.	Das ist ein fantastischer Wein.

C'était un super repas.	Das war ein tolles Essen.
Cela fait longtemps que je n'ai pas si bien mangé.	Ich habe lange nicht mehr so gut gegessen.
Tu dois absolument me donner la recette.	Du musst mir unbedingt das Rezept verraten.
Ton *français / allemand* est vraiment bon.	Dein *Französisch / Deutsch* ist wirklich gut.
Où avez-vous appris à parler si bien *français / allemand* ?	Wo haben Sie gelernt, so gut *Französisch / Deutsch* zu sprechen?
J'aimerais savoir parler français aussi bien que toi.	Ich wünschte, ich könnte so gut Französisch wie du.
Quel cadeau original !	Was für ein originelles Geschenk.
C'est ce que j'ai toujours souhaité.	So etwas habe ich mir schon immer gewünscht.
Il ne fallait pas.	Das wäre wirklich nicht nötig gewesen.
Vous êtes si *aimable / serviable*.	Sie sind so *freundlich / hilfsbereit*.
Vous avez vraiment tout fait pour que je me sente comme à la maison.	Sie haben wirklich alles getan, damit ich mich wie zu Hause fühle.
Je ne sais pas ce que j'aurais fait sans toi.	Ich weiß nicht, was ich ohne dich gemacht hätte.
Vous m'avez été d'une aide *immense / précieuse*.	Sie waren mir eine *riesige / wertvolle* Hilfe.
Merci de m'avoir consacré du temps.	Danke, dass *Sie sich / du dir* Zeit für mich genommen *haben / hast*.

Vorsicht!
Falsche Freunde:
original(e) =
originell, kreativ
originel(le) =
ursprünglich

Gut zu wissen!
Nach dem Dank für ein Kompliment kann man dieses im Französischen mit *Non, c'est vrai.* bekräftigen:
● *Tu parles très bien français.* – ▲ *Merci.* – ● *Non, c'est vrai.*
Diese Antwort ist kein belangloser Small Talk, sondern unterstreicht eine ehrliche Intention. Darauf kann wiederum mit *Merci, c'est gentil.* geantwortet werden.

C

**Miteinander
ins Gespräch
kommen**

12 Flirter
Flirten

Se joindre à quelqu'un
bedeutet „sich zu
jemandem setzen"
oder „bei jemandem
mitmachen":
Ce siège est libre ?
Puis-je me joindre à
vous ?
Vous allez au cinéma ?
Je peux me joindre à
vous ?

Normalerweise steht
das Adjektiv nach dem
Substantiv. Einige kurze
Adjektive wie z. B. *beau,*
jolie, petit, grand,
vieux, jeune stehen
aber in der Regel davor.
Außerdem: Vor einem
Adjektiv im Plural wird
~~*des*~~ zu *de. Vous avez*
de belles chaussures
rouges.

On ne se connaît pas encore, n'est-ce pas ?	Wir kennen uns noch nicht, oder?
Je ne t'avais encore jamais vu(e) ici avant.	Ich habe dich hier vorher noch nie gesehen.
Je t'ai vu(e) et je voulais juste te dire Bonjour.	Ich habe dich gesehen und musste einfach Hallo sagen.
Êtes-vous d'accord, si je me joins à vous ?	Ist es in Ordnung, wenn ich mich zu Ihnen geselle?
Êtes-vous seul(e) ici ?	Sind Sie allein hier?
J'espère que je ne dérange pas, mais…	Ich hoffe, ich störe nicht, aber …
Excusez-moi, puis-je vous poser une question ?	Entschuldigung. Kann ich Sie etwas fragen?
Vous avez un sourire magnifique.	Sie haben ein wunderschönes Lächeln.
Tu es vraiment charmante.	Du bist sehr hübsch.
Tu as de très beaux yeux.	Du hast wunderschöne Augen.
J'aime la façon dont vous dansez.	Ich liebe es, wie Sie tanzen.
Je crois que je n'ai encore jamais rencontré quelqu'un qui…	Ich glaube, ich bin noch nie jemandem begegnet, der …
Qu'est-ce qui t'intéresse ?	Für was interessierst du dich?
Quel style de musique aimes-tu ?	Welche Art von Musik magst du?
Connais-tu de bons endroits où on peut sortir ?	Weißt du, wo man hier gut ausgehen kann?

Que pouvez-vous recommander ?	Was können Sie empfehlen?
De quoi aurais-tu envie ?	Worauf hättest du Lust?
Je pensais bientôt partir.	Ich wollte bald gehen.
Puis-je vous offrir un dernier verre ?	Darf ich Sie noch auf einen Drink einladen?
Vous voulez déjà vous en aller ?	Sie wollen schon gehen?
Je voulais justement *partir / m'en aller* aussi.	Ich wollte auch gerade gehen.
Puis-je me joindre à vous ?	Darf ich mich Ihnen anschließen?
Je vais dans la même direction.	Ich gehe in dieselbe Richtung.
Nous pourrions partager un taxi.	Wir könnten uns ein Taxi teilen.
J'ai été très ♂ heureux / ♀ heureuse de vous rencontrer.	Es war wirklich schön, Sie kennenzulernen.
Je voudrais vraiment te revoir.	Ich würde dich sehr gern wieder sehen.
Nous pourrions manger ensemble un soir, demain peut-être ?	Sollen wir mal abends zusammen essen gehen, morgen vielleicht?
Aurais-tu envie de voir ce nouveau film ?	Hättest du Lust, diesen neuen Film zu sehen?
Quelle heure te conviendrait ?	Welche Uhrzeit würde dir passen?
Je passe te prendre ?	Soll ich dich abholen?

s'en aller = partir

Gut zu wissen!
Es ist in Frankreich nicht schwer, Kontakte zu knüpfen und durchaus üblich, eine fremde Person anzusprechen. Wenn man den ersten Kontakt hergestellt hat, gelten die Regeln des Small Talks: unverfängliche Themen, offene Fragen, Komplimente usw. Themen wie Politik oder Religion meidet man lieber.

D

Sich näher kennenlernen

13 Parler du travail
Über den Beruf sprechen

Que faites-vous dans la vie ?	Was machen Sie beruflich?
Quel est votre métier ? / Quelle est votre profession ?	Was für eine Arbeit haben Sie?
Je suis *infirmier / infirmière*.	Ich bin *Krankenpfleger / Krankenschwester*.
Je travaille comme professeur.	Ich arbeite als Lehrer(in).
Je *travaille / suis* dans l'informatique.	Ich bin in der Computerbranche.
Je travaille pour une société d'assurance.	Ich arbeite bei einer Versicherungsgesellschaft.
Je *travaille pour / suis dans* une entreprise qui s'appelle…	Ich *arbeite / bin* bei einem Unternehmen namens …
Je travaille dans *le marketing / la comptabilité*.	Ich bin *im Marketing / in der Buchhaltung*.
Je *suis responsable de / m'occupe de / dirige* …	Ich *bin verantwortlich für / kümmere mich um / leite* …
Je suis *indépendant(e) / à mon compte*.	Ich bin *selbstständig / freiberuflich tätig*.
J'ai ma propre entreprise.	Ich habe meine eigene Firma.
Je travaille à *temps complet / mi-temps*.	Ich arbeite *Vollzeit / Teilzeit*.
Je *fais / suis* une formation professionnelle.	Ich mache eine Berufsausbildung.
Je suis encore en formation.	Ich bin noch in der Ausbildung.
Je fais un stage dans une banque.	Ich mache ein *Volontariat / Praktikum* bei einer Bank.

„Arbeiten" auf Französisch:
- *travailler chez* + Firmenname: *Je travaille chez Citroën.*
- *travailler pour* + Bezeichnung der Firma / Name: *Elle travaille pour l'agence de voyages Méditerranée / pour Monsieur Martin.*
- *travailler à* + Ort: *Luc travaille à la boulangerie / au supermarché.*

Je suis ist hier die 1. Person Singular von *suivre*.

Die Bezeichnung *stage* ist recht vage.

J'ai été sans emploi pendant six mois.	Ich war sechs Monate arbeitslos.
Je cherche du travail.	Ich bin auf Arbeitssuche.
Je suis *en retraite / retraité(e)*.	Ich bin im Ruhestand.
Je suis à la maison *avec les enfants / et je m'occupe de ma mère*.	Ich bin zu Hause *bei den Kindern / und pflege meine Mutter*.
Aimez-vous votre travail ?	Mögen Sie Ihre Arbeit?
Est-ce une bonne entreprise ?	Ist es eine gute Firma?
J'aime y travailler.	Ich arbeite gern dort.
C'est *un défi / très satisfaisant*.	Es ist *eine Herausforderung / sehr befriedigend*.
Bien sûr, le salaire pourrait être meilleur.	Die Bezahlung könnte natürlich besser sein.
C'est *assez / très* stressant.	Es ist *ziemlich / sehr* stressig.
Je fais beaucoup d'heures supplémentaires.	Ich mache viele Überstunden.
Trop de travail et pas assez de gens.	Zu viel Arbeit und nicht genug Leute.
Ils restructurent constamment.	Ständig sind sie am Umstrukturieren.
On doit s'estimer heureux d'avoir un travail.	Man muss dankbar sein, dass man eine Arbeit hat.

Adjektive auf *-ant* bilden das Adverb auf *-amment*: *constant → constamment*

Gut zu wissen!
Bei vielen gängigen Berufen und wenn die männliche Berufsbezeichnung bereits auf *-e* endet, kann die weibliche Form nur durch den Begleiter markiert werden: *un / une médecin, un / une professeur, un / une peintre*.
Wenn der Beruf auf einen Vokal (außer *-e*) oder einen Konsonanten endet, wird die weibliche Form durch Anhängen von *-e* markiert: *un employé / une employée, un avocat / une avocate, un écrivain / une écrivaine*.
Zu folgenden männlichen Endungen gibt es weibliche Entsprechungen: *direc**teur** / direc**trice**, ouvr**ier** / ouvr**ière**, ven**deur** / ven**deuse**, techni**cien** / techni**cienne***.

D

Sich näher kennenlernen

14 Famille et curriculum vitae
Familie und Werdegang

Je suis né(e) et j'ai grandi dans l'Est de l'Allemagne.	Ich bin im Osten Deutschlands geboren und aufgewachsen.
Je suis allé(e) à l'école à Dresde.	Ich bin in Dresden zur Schule gegangen.
J'ai déménagé à Munich avec mes parents.	Ich bin mit meinen Eltern nach München gezogen.
Mes parents *se sont séparés / ont divorcé* quand j'avais quatre ans.	Meine Eltern *haben sich getrennt / ließen sich scheiden*, als ich vier war.
J'ai *quitté / arrêté* l'école à 18 ans.	Mit 18 war ich mit der Schule fertig.
Je suis parti(e) après la 3ème.	Ich bin nach der 9. Klasse abgegangen.
J'ai fait / Je n'ai pas fait mon service militaire.	*Ich musste / Ich musste nicht* zum Wehrdienst.
À la place de mon service militaire, j'ai fait un service civil.	Ich habe statt Wehrdienst Zivildienst gemacht.
J'ai un diplôme de conseiller fiscal.	Ich habe einen Abschluss als Steuerberater gemacht.
Après ma formation professionnelle, j'ai travaillé pendant deux ans à Munich.	Nach der Berufsausbildung habe ich zwei Jahre in München gearbeitet.
Je me suis reconverti(e) dans la physiothérapie.	Ich habe auf Physiothera-peut(in) umgeschult.
J'ai changé de poste.	Ich habe die Stelle gewechselt.
Je n'ai ni frère ni sœur.	Ich habe keine Geschwister.

Altersangaben werden mit *avoir* gemacht: *J'ai quatre ans.* Anders als im Deutschen, ist *ans* immer obligatorisch.

Die *troisième* entspricht der letzten Klasse des *collège,* eine Art Mittelschule (Sekundarstufe I). Danach besteht die Möglichkeit, ein *lycée* zu besuchen.

Mehr zu Ausbildung und Beruf finden Sie in Kapitel 13.

se reconvertir dans + beruflicher Bereich

ne... ni... ni = weder ... noch

Ma sœur aînée vit aux États-Unis.	Meine ältere Schwester lebt in den Staaten.
En fait, c'est ma demi-sœur.	Sie ist eigentlich meine Halbschwester.
Ma mère s'est remariée.	Meine Mutter hat wieder geheiratet.
Nous sommes tombés amoureux. C'était le coup de foudre.	Wir haben uns verliebt. Es war Liebe auf den ersten Blick.
Nous (ne) sommes (pas) mariés.	Wir sind (nicht) verheiratet.
Nous sommes ensemble depuis *six ans / 2012*.	Wir sind seit *sechs Jahren / 2012* zusammen.
Je me suis séparé(e) de Sébastien.	Ich habe mich von Sébastien getrennt.
Nous nous sommes séparé(e)s.	Wir haben uns getrennt.
Notre *relation / mariage* est terminé(e).	Unsere *Beziehung / Ehe* ist auseinandergegangen.
Mon ex-femme / Mon ex-mari et moi, nous sommes toujours en bons termes.	*Meine Ex-Frau / Mein Ex-Mann* und ich verstehen uns immer noch.
Je n'ai pas d'enfant.	Ich habe keine Kinder.
J'ai *une fille / un fils* (d'un précédent mariage).	Ich habe *eine Tochter / einen Sohn* (aus einer früheren Ehe).
Elle / Il vit chez sa mère.	*Sie / Er* lebt bei der Mutter.

Nicht vergessen: Vor weiblichen Substantiven, die mit Vokal oder stummem h beginnen, werden *ma, ta, sa* zu *mon, ton, son*.

Gut zu wissen!
So geben Sie Ihren Familienstand an, wenn Sie:
- ledig sind: *Je suis célibataire.*
- ohne Trauschein zusammen leben: *Je suis en concubinage.*
- in einer eingetragenen Lebenspartnerschaft leben: *Je suis pacsé(e).*
- verheiratet sind: *Je suis marié(e).*
- geschieden sind: *Je suis divorcé(e).*
- verwitwet sind: *Je suis ♂ veuf / ♀ veuve.*

15 La vie de tous les jours
Alltag und Routine

Tout va bien. Il se passe toujours quelque chose.	Alles läuft gut. Es ist immer etwas los.
Je suis toujours assez occupé(e).	Ich bin immer ziemlich beschäftigt.
Je mène une vie assez agitée.	Ich führe ein ziemlich hektisches Leben.
J'ai toujours quelque chose à faire.	Ich habe immer etwas zu tun.
Je suis toujours assez stressé(e).	Ich habe ziemlich viel Stress.
La plupart du temps, tout est (plus ou moins) sous contrôle.	Die meiste Zeit ist alles (mehr oder weniger) unter Kontrolle.
Je me *lève / réveille* tôt et je me couche tard.	Ich *stehe / wache* früh auf und gehe spät ins Bett.
Le matin, c'est toujours assez agité.	Morgens geht es immer ziemlich hektisch zu.
Le matin, j'aime prendre mon temps.	Morgens lasse ich es gern langsam angehen.
Le trajet pour aller au travail est long.	Ich habe einen langen Arbeitsweg.
Je mets une heure et demie pour aller au travail.	Ich brauche anderthalb Stunden zur Arbeit.
J'emmène les enfants *chez la nounou / à l'école maternelle*.	Ich bringe die Kinder *zur Tagesmutter / in den Kindergarten*.
Je pars tôt de la maison pour éviter la circulation.	Ich fahre früh von zu Hause los, um den Verkehr zu vermeiden.

Nicht: ~~Au matin.~~
Die Tageszeiten gibt man mit dem bestimmten Artikel an, also: *le matin, le soir, ...*

mettre + Zeitangabe drückt eine Dauer aus.

Le plus souvent, le train est *complet / en retard*.	Der Zug ist meistens *voll / verspätet*.
Habituellement, à midi, je mange *à la cantine / au bureau*.	Ich esse gewöhnlich *in der Kantine / im Büro* zu Mittag.
Le plus souvent, à midi, je mange une tartine (de beurre).	Mittags esse ich meist nur ein Butterbrot.
À midi, j'essaie de sortir du bureau, mais ce n'est pas toujours possible.	Mittags versuche ich aus dem Büro rauszukommen, aber ich schaffe es nicht immer.
Souvent, je rentre tard à la maison.	Oft komme ich erst spät nach Hause.
Je n'ai pas beaucoup de temps pour moi.	Ich habe nicht viel Zeit für mich.
Souvent, nous nous asseyons juste devant la télé.	Oft hocken wir uns nur noch vor den Fernseher.
Pendant la semaine, je ne sors pas souvent.	Unter der Woche gehe ich nicht oft weg.
Je vais une fois par semaine *à la salle de fitness / au yoga*.	Ich gehe einmal die Woche *ins Fitness-Studio / zum Yoga*.
J'ai commencé les cours de salsa.	Ich habe mit Salsatanzen angefangen.
Le samedi, il faut faire les courses, le ménage, et cetera…	Am Samstag steht Einkauf, Haushalt und so weiter an.

Gängige Häufigkeits-adverbien sind:
toujours (immer) – *habituellement* (gewöhnlich) – *souvent* (oft) – *fréquemment* (häufig) – *quelquefois / parfois* (manchmal), *de temps en temps* (von Zeit zu Zeit) – *rarement* (selten) – *jamais* (nie).

Gut zu wissen!
Von 0 bis 3 Jahren können die Eltern ihre Kinder zu einer Tagesmutter (*une nounou*) oder in die Krippe (*la crèche*) geben. Zwischen 3 und 6 Jahren sind die Kinder in der *école maternelle* (Vorschule).

Für die Franzosen ist die Mittagspause sehr wichtig: Sie nehmen sich genug Zeit für das Essen. Meist hat man dafür zwischen einer Dreiviertelstunde und einer Stunde Pause. In der Schule haben die Kinder zwei Stunden Mittagspause.

D

Sich näher kennenlernen

Bei der Inversionsfrage (Fragewort + Verb + Subjektpronomen) wird vor *il, elle* und *on* ein -*t*- eingefügt, wenn die Verbform auf -*a* oder -*e* endet.

Männer können *beau* oder *charmant* sein, aber nicht *joli*.

Mit Anhängen der Endung -*aine* an Grundzahlen bildet man Sammelzahlen zur Angabe von ungenauen Mengen. Sammelzahlen können nicht von zusammen- gesetzten Zahlen abgeleitet werden.

16 Décrire une personne
Personen beschreiben

Alors, *il / elle* est comment ?	Wie ist *er / sie* denn so?
De quoi *a-t-il / a-t-elle* l'air ?	Wie sieht *er / sie* aus?
Elle est *grande / petite / de taille moyenne*.	Sie ist *groß / klein / mittelgroß*.
Il est *mince / costaud*.	Er ist *schlank / kräftig (gebaut)*.
Elle est (un peu) enveloppée.	Sie ist etwas füllig.
Elle est *séduisante / belle / charmante / jolie*.	Sie ist *attraktiv / gut aussehend / hübsch / schön*.
Il est *séduisant / beau / charmant*.	Er ist *attraktiv / gut aussehend / hübsch*.
Il / Elle a plus de 30 ans.	*Er / Sie* ist über 30.
Il / Elle a 30 ans et quelques.	*Er / Sie* ist irgendwo in den Dreißigern.
Il / Elle a la vingtaine.	*Er / Sie* ist in den Zwanzigern.
Il / Elle n'est plus très jeune.	*Er / Sie* ist auch nicht mehr ganz jung.
Il / Elle a…	*Er / Sie* hat …
… les yeux bleus.	… blaue Augen.
… les yeux verts.	… grüne Augen.
… les yeux bruns.	… braune Augen.
Elle a les cheveux *longs / courts / mi-longs / raides / bouclés*.	Sie hat *lange / kurze / halblange / glatte / lockige* Haare.
Elle est *blonde / brune*.	Sie ist *blond / brünett*.
Il a les cheveux *sombres / bruns / gris / roux*.	Er hat *dunkle / braune / graue / rote* Haare.

Il a une *moustache / barbe*.	Er hat einen *Schnurrbart / Bart*.
Elle a une queue de cheval.	Sie trägt einen Pferdeschwanz.
Il porte des lunettes.	Er trägt eine Brille.
Elle est toujours *bien habillée / chic*.	Sie ist immer *gut / schick* angezogen.
Il ne fait pas attention à son apparence.	Ihm ist sein Aussehen ziemlich egal.
Ils sont toujours habillés de façon assez décontractée.	Sie sind immer ziemlich leger gekleidet.
Il est un peu négligé.	Er ist ein wenig ungepflegt.
C'est vraiment un *mec / type* sympa.	Er ist ein richtig netter Kerl.
Elle est très agréable.	Sie ist sehr angenehm.
Il est un peu timide.	Er ist etwas schüchtern.
Il est plutôt solitaire.	Er ist eher ein Einzelgänger.
Elle est très sociable.	Sie ist sehr kontaktfreudig.
Il connaît le monde entier.	Er kennt Gott und die Welt.
Elle a toujours la pêche !	Sie ist immer in Topform.

Achten Sie darauf, Adjektive immer in Geschlecht und Zahl anzupassen.
- Singular: weibliche Form = Adjektiv + *-e*
- Plural: männliche Form = Adjektiv + *-s* / weibliche Form = Adjektiv + *-es*
- maskuline Adjektive, die auf *-e* enden, bleiben in der weiblichen Form unverändert
- männliche Adjektive auf *-s* oder *-x* verändern sich im Plural nicht

Gut zu wissen!
Vorsicht, hier lauern Fettnäpfchen bei der Beschreibung von Personen:
Maigre (mager), *gros* (dick) und *obèse* (fettleibig) sind unbedingt zu vermeiden. Statt *grosse* kann man bei Frauen *ronde* (rundlich) sagen. Mit *un peu* (ein bisschen) kann man eine Aussage schön abschwächen und weniger direkt erscheinen lassen.
Es gibt viele umgangssprachliche Ausdrücke für „gut aussehend", z. B.: *Il / Elle est canon !* (Er / Sie ist ein Kracher!) oder *Il / Elle est à croquer !* (Er / Sie ist zum Anbeißen!).
Vorsicht aber bei *Elle est bonne !*, das eine eindeutige sexuelle Konnotation hat und den Sprecher in ein sehr machohaftes Licht rückt.

17 Invitations
Einladungen

Êtes-vous libre ce soir ?	Haben Sie heute Abend Zeit?
Tu as déjà quelque chose de prévu pour *demain / ce week-end* ?	Hast du *morgen / am Wochen-ende* schon etwas vor?
La semaine prochaine, je suis en ville et je voulais te demander, si on pouvait se voir.	Ich bin nächste Woche in der Stadt und wollte fragen, ob wir uns treffen könnten.
Nous pourrions manger ensemble un de ces soirs.	Wir könnten abends mal zusammen essen.
Voulez-vous que nous allions prendre un verre ?	Möchten Sie etwas trinken gehen?
Nous faisons un barbecue.	Wir wollen grillen.
Tu veux nous accompagner ?	Willst du mitkommen?
Nous avons invité quelques personnes pour l'apéritif.	Wir haben ein paar Leute auf einen Aperitif eingeladen.
Nous faisons une fête.	Wir feiern eine Party.
Pour quelle occasion?	Was ist der Anlass?
Rien de *spécial / particulier.*	Nichts Besonderes.
Je fête mon anniversaire.	Ich feiere meinen Geburtstag.
Vous êtes ♂ le bienvenu / ♀ la bienvenue.	Sie sind herzlich willkommen. *(Singular)*
Vous êtes les bienvenu(e)s.	Sie sind herzlich willkommen. *(Plural)*
Tu peux passer quand tu veux.	Du kannst jederzeit vorbeischauen.

Sagen Sie niemals:
Nous grillons.

Passende Glück-
wünsche finden Sie
auf Seite 47.

Ce serait super si tu pouvais venir.	Es wäre toll, wenn du kommen könntest.
Nous serions *enchanté(e)s / ravi(e)s* si vous pouviez venir.	Es würde uns sehr freuen, wenn Sie kommen könnten.
C'est très *aimable / gentil* de votre part.	Das ist sehr nett von Ihnen.
Je vous en prie.	Sehr gerne.
Quelle bonne idée !	Was für eine nette Idee.
Ce serait *très sympa / super / génial*.	Das wäre *sehr schön / super / toll*.
Merci beaucoup, mais…	Vielen Dank, aber …
Malheureusement, je n'ai pas le temps.	Ich habe leider keine Zeit.
Je dois d'abord *regarder dans mon agenda / demander à ma femme*.	Ich muss mal *in meinem Kalender nachsehen / bei meiner Frau nachfragen*.
Je crois que nous avons déjà prévu quelque chose.	Ich glaube, wir haben da schon etwas vor.
J'ai déjà *d'autres obligations / un autre rendez-vous*.	Ich habe bereits eine andere *Verpflichtung / Verabredung*.
C'est dommage.	Schade.
Alors, que diriez-vous de dimanche ?	Was *halten Sie / haltet ihr* stattdessen von Sonntag?
Une autre fois, peut-être.	Vielleicht ein anderes Mal.
Pas de problème.	Kein Problem.

Beachten Sie, dass im französischen Bedingungssatz der Conditionnel niemals im *si*-Satz stehen darf.

> **Gut zu wissen!**
> Unter Freunden, aber auch bei offiziellen Anlässen, ist der *apéritif* ein echtes Ritual: Ein bis zwei Stunden vor dem Essen kann man sich unterhalten, sich entspannen, andere Gäste kennenlernen und Kontakte pflegen … Beim *apéritif* bietet man Getränke (mit oder ohne Alkohol) und salzige Häppchen wie z. B. *verrines* (kleine Köstlichkeiten aus dem Glas), kleine Quiches oder Pizzen zum Essen an. Wenn Sie auf einen *apéritif* bei Franzosen eingeladen sind, probieren Sie ruhig all diese leckeren Kleinigkeiten!

18 Où et quand ?
Wann und wo?

Anders als im
Deutschen ist das
Wort *heure* nach der
Zeitangabe obliga-
torisch: *Il est une
heure.* = Es ist eins /
ein Uhr.

Vorsicht: *Demie* bezieht
sich – anders als „halb"
im Deutschen – auf die
angefangene Stunde!

Quel jour ?	An welchem Tag?
À quelle heure ?	Um wie viel Uhr?
Quel moment vous conviendrait le mieux ?	Wann würde es Ihnen am besten passen?
Quelle heure vous irait ?	Welche Zeit passt Ihnen?
Que *pensez-vous / penses-tu* de huit heures ?	Was *halten Sie / hältst du* von acht (Uhr)?
Huit heures du matin ou huit heures du soir ?	Acht Uhr morgens oder acht Uhr abends?
Trois heures de l'après-midi.	Drei Uhr nachmittags.
Quinze heures.	15 Uhr.
À sept heures et demie.	Um halb acht.
À dix-neuf heures trente.	Um 19 Uhr 30.
Vers six heures.	Gegen sechs.
Autour de huit heures.	So um acht Uhr herum.
Un peu *avant / après* huit heures.	Kurz *vor / nach* acht.
Qu'en *pensez-vous / penses-tu* ?	Was *halten Sie / hältst du* davon?
Peu importe *l'heure / le jour / le soir*.	Ganz gleich *welche Zeit / welcher Tag / welcher Abend*.
Je suis flexible.	Ich bin flexibel.
Choisissez / Décidez.	*Wählen / Entscheiden* Sie.
Cela m'est égal.	Mir ist es *gleich / egal*.
Quand cela vous convient.	Wann immer es Ihnen passt.
Comme tu veux.	Wie du willst.

Je suis désolé(e), je ne pourrai pas le faire.	Tut mir leid, das schaffe ich leider nicht.
Un quart d'heure plus *tôt / tard*, ça irait ?	Ginge eine Viertelstunde *früher / später*?
7h15 au lieu de 7h00, ça irait ?	Ginge 7 Uhr 15 statt 7 Uhr?
Ça sera un peu juste.	Das wird ein bisschen knapp.
Moi, je préfèrerais un peu plus tard.	Mir wäre es etwas später lieber.
Où proposez-vous qu'on se *rencontre / retrouve* ?	Wo schlagen Sie vor, dass wir uns treffen?
Bon, alors dimanche à 8h15 devant la gare.	Gut, dann also am Sonntag um 8 Uhr 15 vor dem Bahnhof.
Juste pour confirmer, à 19 heures à votre hôtel.	Um das kurz zu bestätigen, um 19 Uhr bei Ihrem Hotel.
S'il y a le moindre problème…	Wenn es irgendwelche Probleme gibt …
J'envoie un SMS.	Ich *simse / schicke eine SMS*.
Passez simplement un coup de fil.	Rufen Sie einfach kurz an.
Fais sonner le téléphone.	Klingle kurz durch.
Donnez-moi votre numéro de téléphone, au cas où.	Geben Sie mir für alle Fälle Ihre Nummer.
Bon / Bien.	Gut.
Ça a l'air très bien.	Das klingt sehr gut.
Super, je m'en réjouis.	Super, ich freue mich darauf.

Bon ist ein veränderliches Adjektiv und begleitet in der Regel ein Substantiv. *Bien* ist ein Adverb und beschreibt Verben näher; es ist unveränderlich.

Gut zu wissen!
Datumsangaben werden im Französischen mit *être* und den Grundzahlen gemacht. Dabei steht vor dem Datum immer *le*: Aujourd'hui **nous sommes le** quinze juin. (Heute haben wir den 15. Juni.) Nur für den Monatsersten wird die Ordnungszahl *premier* (erster) verwendet: *Aujourd'hui nous sommes le premier juin.* (Heute haben wir den 1. Juni.) Die Frage nach dem Datum lautet: *Nous sommes / On est le combien aujourd'hui ?*

19 Être invité
Zu Gast sein

Bonjour, ça fait plaisir de vous voir.	Hallo, schön *Sie / euch* zu sehen.
Mais entrez donc.	*Kommen Sie / Kommt* doch herein.
Je suis désolé(e), nous sommes un peu en retard.	Es tut mir leid, dass wir uns ein bisschen verspätet haben.
Il y a eu un problème avec le métro.	Es gab ein Problem mit der U-Bahn.
Nous avons attendu *le bus / le train* pendant vingt minutes.	Wir mussten zwanzig Minuten auf den *Bus / Zug* warten.
Nous nous sommes garés devant la maison de vos voisins. J'espère que cela ne les dérange pas.	Wir haben vor dem Haus Ihrer Nachbarn geparkt. Ich hoffe, das ist in Ordnung.
Puis-je prendre votre manteau ?	Darf ich Ihnen den Mantel abnehmen?
Laisse simplement tes affaires sur la chaise.	Lass deine Sachen einfach auf dem Stuhl.
Au fait, *la salle de bains est… / les toilettes sont…*	*Das Bad / Die Toilette* ist übrigens …
… ici à *gauche / droite*.	… hier *links / rechts*.
… en haut des escaliers à *gauche / droite*.	… die Treppe hoch und *links / rechts*.
Au cas où vous vouliez vous rafraîchir rapidement…	Falls Sie sich kurz frisch machen wollen …
Nous vous avons apporté un petit quelque chose.	Wir haben Ihnen eine Kleinigkeit mitgebracht.

Den Weg zur Toilette erfragt man mit: *Où sont les toilettes ?* oder *Où est la salle de bains ?*

Nous avons apporté une bouteille de vin.	Wir haben eine Flasche Wein mitgebracht.
Merci beaucoup, *ce n'était pas nécessaire / il ne fallait pas.*	Danke sehr, das wäre aber wirklich nicht nötig gewesen.
Suivez-moi.	*Folgen Sie / Folgt* mir.
Il suffit de suivre la musique.	Einfach der Musik nach.
Asseyez-vous, je vous en prie.	Nehmen Sie doch Platz.
Trouve-toi une petite place.	Such dir einfach ein Plätzchen.
Vous êtes ici chez vous. / Faites comme à la maison.	Fühlt euch wie zu Hause.
Que veux-tu boire ?	Was möchtest du trinken?
Prenez quelque chose à boire et à manger.	Nehmen Sie sich einfach etwas zu essen und zu trinken.
Prends-toi quelque chose à boire.	Schnapp dir was zu trinken.
Puis-je vous *offrir / apporter* quelque chose à boire ?	Kann ich Ihnen etwas zu trinken *anbieten / holen*?
Je prendrais bien un peu de vin rouge.	Ich nehme bitte etwas Rotwein.
Je ne préfère pas, je conduis.	Lieber nicht, ich fahre.
Quelque chose sans alcool, s'il vous plaît.	Etwas ohne Alkohol, bitte.

Bringen Sie Franzosen unbedingt einen (sehr) guten Wein als Gastgeschenk mit und keinen Billigwein. Auf Qualität wird Wert gelegt.

Gut zu wissen!
Wenn Sie um 19.30 Uhr eingeladen sind, sollten Sie die *quart d'heure de politesse* (wörtlich: Höflichkeitsviertelstunde) einhalten und ungefähr erst um 19.45 Uhr eintreffen. Wenn Sie 30 Minuten oder mehr Verspätung haben, sollten Sie die Gastgeber darüber informieren. Als Mitbringsel eignen sich, wie fast überall, Wein für die Männer, Pralinen und Blumen für die Frauen (aber keine roten Rosen!). Blumen verschenkt man in Frankreich eingewickelt in einer schönen Folie.

20 Se séparer après une bonne soirée
Der passende Abschied

Grußformeln für den Abschied finden Sie in Kapitel 4.

Oh là là, il est déjà si tard ?	O je, ist es schon so spät?
Je n'ai vraiment pas vu le temps passer.	Ich habe die Zeit völlig aus den Augen verloren.
Il n'est quand même pas si tard ?	Es kann doch nicht schon so spät sein?
Vous devez m'excuser mais…	Sie müssen mich entschuldigen, aber …
Il est temps pour moi…	Es wird Zeit, dass ich …

Prendre congé ist recht förmlich.

… de *partir / prendre congé*.	… mich verabschiede.
… de prendre la route.	… mich auf den Weg mache.
… d'y aller.	… mich aufmache.
Je dois vraiment *partir / y aller*.	Ich muss jetzt wirklich gehen.
Demain je dois partir tôt.	Morgen muss ich früh aus dem Haus.
Nous avons du chemin à faire.	Wir haben es ziemlich weit.
Je dois rentrer parce que…	Ich muss zurück, weil …
Thomas n'est pas bien.	Thomas geht es nicht gut.
Est-ce que je peux (encore) ramener quelqu'un ?	Kann ich (noch) jemanden mitnehmen?
Nous connaissons le chemin.	Wir finden schon raus.
Comme c'est dommage !	Das ist aber schade.
Vraiment, vous devez déjà partir ?	Müssen Sie wirklich schon gehen?
Tu dois revenir bientôt.	Du musst bald wieder kommen.

Je suis très ♂ heureux / ♀ heureuse que vous ayez pu venir.	Ich freue mich sehr, dass Sie kommen konnten.
Cela / Ça m'a fait plaisir que tu sois là.	Es war schön, dass du da warst.
Il faudra remettre ça bientôt.	Das müssen wir bald wieder machen.
Puis-je encore vous convaincre de rester pour un dernier verre de vin ?	Kann ich Sie noch zu einem letzten Glas Wein überreden?
Un dernier (verre) pour la route ?	Noch ein letztes Schlückchen?
Que dirais-tu d'un dernier verre avant de partir ?	Wie wäre es mit einem Absacker, bevor du gehst?
Non, j'ai peur que cela soit déjà bien assez.	Nein, ich fürchte, ich hatte schon genug.
Demandé comme cela, comment puis-je dire non ?	Wenn Sie mich so fragen, wie kann ich da nein sagen?
Nous nous sommes amusé(e)s comme des ♂ fous / ♀ folles.	Wir haben uns prächtig amüsiert.
C'était tout simplement super.	Es war einfach super.
Merci pour cette fabuleuse soirée. C'était génial.	Danke für diesen wunderbaren Abend. Es war toll.
Le repas était *fantastique / délicieux*.	Das Essen war *fantastisch / köstlich*.
La prochaine fois, vous venez à la maison.	Das nächste Mal kommen Sie zu uns.
La prochaine fois chez nous, d'accord ?	Das nächste Mal bei uns, o.k.?

Die Angabe des Inhalts erfolgt zusammen mit der Präposition *de*: *un verre de vin* (ein Glas Wein). Nicht verwechseln: *un verre à vin* = ein Weinglas

---

Gut zu wissen!
Das Abschiednehmen ist ein spielerisches Ritual, das man als Gast oder Gastgeber (fast) so lange ausdehnen kann, wie man will. Kurz und schmerzlos ist aber auch in Ordnung!

21 Bonnes nouvelles et félicitations
Gute Nachrichten und Glückwünsche

Um die unmittelbare Vergangenheit auszudrücken, benutzt man *venir de* + Infinitiv. *Juste* betont die zeitliche Nähe des Ereignisses.

J'ai *de bonnes nouvelles / une bonne nouvelle*.	Ich habe *gute Nachrichten / eine gute Nachricht*.
J'ai quelque chose à te raconter.	Ich muss dir was erzählen.
Tu ne devineras jamais ce qui s'est passé !	Du errätst nie, was passiert ist!
Quelque chose de *super / fantastique* vient juste de se passer.	Etwas *Tolles / Fantastisches* ist gerade passiert.
J'ai vraiment eu de la chance.	Ich hatte wirklich Glück.
J'ai hâte de te le raconter.	Ich kann kaum erwarten, es dir zu erzählen.
On m'a proposé *une place / un emploi*.	Man hat mir eine Stelle angeboten.
J'ai eu une promotion.	Ich bin befördert worden.
J'ai eu une *augmentation / prime*.	Ich habe eine *Gehaltserhöhung / Prämie* bekommen.
J'ai réussi mon examen.	Ich habe meine Prüfung bestanden.
J'ai rencontré quelqu'un.	Ich habe jemanden kennengelernt.
Jules et moi, nous emménageons ensemble.	Jules und ich ziehen zusammen.
Nous nous sommes fiancés.	Wir haben uns verlobt.
Nous nous marions.	Wir heiraten.
Nous allons avoir un bébé.	Wir erwarten ein Kind.

Tu ne peux pas savoir comme je suis ♂ heureux / ♀ heureuse.	Ich kann dir gar nicht sagen, wie glücklich ich bin.
Mon rêve devient enfin réalité.	Mein Traum ist endlich wahr geworden.
(Toutes mes) félicitations !	Herzlichen Glückwunsch!
Bien joué ! Félicitations !	Gut gemacht! Herzlichen Glückwunsch!
Je suis si ♂ heureux / ♀ heureuse pour toi !	Ich freue mich so für dich.
C'est vraiment une nouvelle *géniale / fantastique.*	Das ist ja eine *großartige / fantastische* Nachricht.
Mes plus sincères félicitations.	Ganz herzliche Glückwünsche.
Je sais combien c'est important pour toi.	Ich weiß, wie viel dir das bedeutet.
Bonne chance !	Viel Glück!
Je vous souhaite beaucoup de succès.	Ich wünsche Ihnen viel Erfolg.
Joyeux anniversaire !	Herzlichen Glückwunsch zum Geburtstag!
Beaucoup de bonheur.	Zur Hochzeit alles Gute!
Joyeux Noël !	Frohe Weihnachten!
Bonne année, bonne santé !	Ein gutes und gesundes neues Jahr!
Joyeuses Pâques !	Frohe Ostern!

Wenn Sie Glückwünsche auch im Namen anderer ausdrücken: *Toutes nos félicitations !*

Man wünscht sich in Frankreich immer ein gutes und gesundes Jahr zusammen.

Gut zu wissen!
Die wichtigsten Feiertage in Frankreich sind: *le jour de l'An* (Neujahr), *le lundi de Pâques* (Ostermontag), *la fête du Travail* (Tag der Arbeit), *la fête de la Victoire* (Ende des Zweiten Weltkriegs am 8. Mai), *l'Ascension* (Christi Himmelfahrt), *le lundi de Pentecôte* (Pfingstmontag), *la Fête nationale française* (Nationalfeiertag am 14. Juli), *l'Assomption* (Mariä Himmelfahrt am 15. August), *la Toussaint* (Allerheiligen), *l'Armistice 1918* (Ende des Ersten Weltkriegs am 11. November), *Noël* (1. Weihnachtsfeiertag).

F

Gute
und schlechte
Nachrichten

22 Mauvaises nouvelles et condoléances
Schlechte Nachrichten und Anteilnahme

Malheureusement, j'ai de *mauvaises / tristes* nouvelles.	Ich habe leider *schlechte / traurige* Nachrichten.
Quelque chose de terrible s'est passé.	Etwas Schreckliches ist passiert.
Ce que je vais vous dire risque…	Das, was ich Ihnen gleich sagen werde, wird …
… d'être un choc pour vous.	… ein Schock für Sie sein.
… de vous *mettre en colère / décevoir.*	… Sie *verärgern / enttäuschen.*
Je ne sais pas du tout comment je vais pouvoir annoncer cela, mais…	Ich weiß kaum, wie ich es sagen soll, aber …
Cela ne va pas vous plaire, mais…	Es wird Ihnen nicht gefallen, aber …
Nous avons de vrais ennuis sur le dos.	Wir haben echt Ärger am Hals.
Annie a eu un accident.	Annie hatte einen Unfall.
Alain est à l'hôpital.	Alain liegt im Krankenhaus.
Philippe a le cancer.	Philippe hat Krebs.
Mickaël est *mort / décédé.*	Mickaël ist *tot / verstorben.*
Il est mort soudainement d'un infarctus.	Er ist plötzlich an einem Herzinfarkt gestorben.
Anna a été agressée.	Anna ist überfallen worden.
Yves a perdu son travail.	Yves hat seinen Job verloren.
J'ai été licencié(e).	Ich bin entlassen worden.
Oh non ! / Oh là là !	*(O) Nein! / O je!*
Je suis tellement désolé(e).	Es tut mir so leid.

Mit *risquer* nimmt man die negative Reaktion einer Person vorweg: *risquer de* + Infinitiv.

Oft verwendet man *annoncer,* wenn es wichtige (gute oder schlechte) Nachrichten gibt.

Décédé(e) ist zurückhaltender als *mort(e).*

48

C'est vraiment *terrible / affreux* !	Das ist ja wirklich *schrecklich / fürchterlich*.
Ce doit être vraiment l'enfer pour toi.	Das muss für dich ja die Hölle sein.
Ce doit être une période très difficile pour vous.	Das muss eine sehr schwere Zeit für Sie sein.
Est-ce que je peux faire quelque chose pour toi ?	Gibt es irgendetwas, was ich für dich tun kann?
Je pense bien à toi dans ces moments difficiles.	Ich denke an dich in dieser schwierigen Zeit.
Recevez toute notre affection.	Wir senden euch ganz liebe Grüße.
Ne te bile pas !	Mach dir keine Sorgen.
Cela aurait pu être pire.	Es hätte schlimmer kommen können.
Ne te laisse pas *démoraliser / abattre*.	Lass dich davon nicht unterkriegen.
Bon rétablissement !	Gute Besserung!
Transmets tous mes vœux de prompt rétablissement à Simon.	Bestell Simon von mir die besten Wünsche für eine schnelle Genesung.
Mes (sincères) condoléances.	Mein (herzliches) Beileid.
Je voudrais vous présenter mes (sincères) condoléances.	Ich möchte mein (herzliches) Beileid ausdrücken.

Recht förmliche Art, Genesungswünsche zu übermitteln.

> **Gut zu wissen!**
> Um eine Person zu beruhigen oder zu trösten, verwendet man Ausdrücke wie *Ne t'en fais pas ! / Ne t'inquiète pas !* (Mach dir keine Sorgen.) oder *Ça va aller.* (Das wird schon werden.) Auch die Sprichwörter *Après la pluie vient le beau temps.* (Auf Regen folgt Sonnenschein.) oder *Demain est un autre jour.* (Morgen ist auch noch ein Tag.) bieten sich an. Um jemandem einen Todesfall mitzuteilen, werden meist abgemilderte Wendungen wie z. B. *Elle est partie.* (Sie ist von uns gegangen.) oder *Il nous a quittés.* (Er hat uns verlassen.) gebraucht.

F

Gute
und schlechte
Nachrichten

23 Blagues et anecdotes amusantes
Witze und lustige Anekdoten

Est-ce que je t'ai déjà raconté ce qui m'est arrivé à Toronto ?	Habe ich dir jemals erzählt, was mir in Toronto passiert ist?
Il m'est arrivé quelque chose de complètement fou !	Mir ist etwas ganz Verrücktes passiert.
Cela me rappelle quelque chose qui m'est déjà arrivé.	Das erinnert mich an etwas, das mir mal passiert ist.
Tu ne le croiras jamais.	Das glaubst du nie.
Attends d'entendre ce qui s'est passé après !	Warte, bis du hörst, was als Nächstes passiert ist.
Mais je jure que c'est vrai !	Aber ich schwöre, es ist wahr.
D'abord / Au début / Au départ…	*Zuerst / Am Anfang / Zu Beginn …*
Après cela…	Danach …
Ensuite…	Dann …
En tout cas…	Jedenfalls …
Finalement / En fin de compte…	Schließlich …
Et puis c'était la fin.	Und das war dann das Ende.
Et c'est tout. / Et voilà.	Und das war's dann.
Je ne pouvais juste pas le croire.	Ich konnte es einfach nicht glauben.
C'était une coïncidence incroyable.	Es war ein unglaublicher Zufall.
J'étais si surpris(e).	Ich war so überrascht.
Je ne savais pas ce que je devais dire.	Ich wusste nicht, was ich sagen sollte.

Vous me rappellez quelqu'un. = Sie erinnern mich an jemanden.
Je me rappelle de vous. = Ich erinnere mich an Sie.

Die folgenden Ausdrücke helfen Ihnen, eine Begebenheit Schritt für Schritt zu berichten.

Je suis resté(e) vraiment bouche bée.	Ich war völlig baff.
C'était à hurler de rire.	Es war zum *Schreien / Brüllen*.
C'était vraiment à mourir de rire.	Es war echt zum Totlachen.
Nous avons eu le fou rire.	Wir bekamen einen Lachanfall.
J'ai pleuré de rire.	Ich musste vor Lachen weinen.
C'était si *drôle / amusant*.	Es war so lustig.
Tu connais la blague sur… ?	Kennst du den Witz über …?
Je parie que celle-ci, tu ne la connais pas.	Ich wette, du hast diesen noch nicht gehört.
Alors, ça commence comme ça : …	Nun, er geht so: …
Tu l'as comprise ?	Hast du ihn verstanden?
Quelquefois, j'ai un peu de mal à tout comprendre.	Manchmal bin ich im Kopf etwas langsam.
Ah, maintenant, j'ai compris.	Ach, jetzt hab ich's verstanden.
C'est vraiment ce qu'il a dit ? Je ne te crois pas.	Hat er das wirklich gesagt? Ich glaube dir nicht.
Tu me fais marcher. / Tu te paies ma tête.	Du nimmst mich auf den Arm.
Elle est *bien / vraiment* bonne.	Der ist echt gut.
Celle-ci, je dois la retenir.	Den muss ich mir merken.
J'ai du mal à retenir les blagues.	Ich kann mir Witze ganz schlecht merken.

avoir du mal à faire quelque chose = sich mit etwas schwertun

Ihren Unglauben können Sie auch mit *Tu te moques de moi.* (Du machst dich über mich lustig.) zum Ausdruck bringen.

Gut zu wissen!
Witze in einer fremden Sprache zu erzählen und zu verstehen ist nicht einfach. Es erfordert neben guten sprachlichen Kenntnissen viel landeskundliches Verständnis sowie gewisse kulturelle und soziale Kompetenzen, um nicht in ein Fettnäpfchen zu treten. Übrigens: Den deutschen Ostfriesen entsprechen in den Witzen der Franzosen die Belgier.

F

Gute
und schlechte
Nachrichten

Schlechte
Erfahrungen

Glück haben:
avoir de la chance oder
*être ♂ chanceux /
♀ chanceuse*
Pech haben:
avoir la poisse oder
*être ♂ malchanceux /
♀ malchanceuse*

C'était un de ces jours où tout va mal.	Das war so ein Tag, an dem einfach alles schiefgeht.
Je n'ai jamais fait un voyage aussi *horrible / terrible.*	Ich hatte noch nie so eine *schreckliche / furchtbare* Reise.
Nous avons vraiment eu la poisse.	Wir hatten wirklich Pech.
Tout est allé de travers.	Alles ging schief.
C'était *une catastrophe / un désastre* du début à la fin.	Es war eine Katastrophe von Anfang bis Ende.
Nous avons été retardé(e)s.	Wir wurden aufgehalten.
Le vol a été annulé.	Der Flug wurde annulliert.
Nous avons manqué notre correspondance.	Wir haben unseren Anschlussflug verpasst.
Le temps était atroce.	Das Wetter war grauenhaft.
Nous nous sommes perdu(e)s.	Wir haben uns *verirrt / verfahren.*
Il y a eu une coupure d'électricité.	Es gab einen Stromausfall.
Internet est tombé en panne.	Das Internet fiel aus.
Il y a eu une grève.	Es wurde gestreikt.
J'ai perdu…	Ich habe … verloren.
… mon porte-monnaie.	… meinen Geldbeutel …
… mon porte-feuille.	… meine Brieftasche …
… mes clés.	… meine Schlüssel …
Nous sommes tombé(e)s en panne.	Wir hatten eine Panne.

Nous sommes resté(e)s coincé(e)s dans un bouchon.	Wir hingen im Stau fest.
Le train avait 50 minutes de retard.	Der Zug hatte 50 Minuten Verspätung.
Personne n'était là pour venir nous chercher.	Es war keiner da, um uns abzuholen.
Je me suis senti(e) si *bête / stupide*.	Ich kam mir so blöd vor.
C'était de ma faute.	Ich war schuld.
Ce n'était pas de ma faute. / Je n'y étais absolument pour rien.	Ich war überhaupt nicht schuld.
J'ai tout essayé mais c'était *peine perdue / en vain*.	Ich habe alles versucht, aber es war alles umsonst.
C'était un véritable fiasco.	Es war ein einziges Fiasko.
Ils n'étaient pas du tout serviables.	Sie waren absolut nicht hilfsbereit.
Ils n'en avaient rien à faire !	Es war ihnen schnurzegal.
J'étais tellement *fâché(e) / en rogne / furax*.	Ich war so *verärgert / sauer / angepisst*.
Nous étions *épuisé(e)s / complètement k.o.*	Wir waren *erschöpft / total k.o.*
Nous étions si ♂ heureux / ♀ heureuses que tout soit terminé.	Wir waren so froh, dass es endlich vorbei war.
C'est le pire qui me soit arrivé.	Es war mit das Schlimmste, was ich je erlebt habe.

Der Ausdruck *n'en avoir rien à faire* ist ziemlich umgangssprachlich.

Gut zu wissen!
Das Französische kennt viele Abstufungen, um Unzufriedenheit auszudrücken, z. B. *râler* (motzen), *rouspéter* (meckern), *pester* (schimpfen) …
Die Franzosen klagen gerne über ihre kleinen alltäglichen Sorgen, sie sind Thema in Gesprächen unter Freunden, im Familienkreis oder beim Small Talk. Aber Vorsicht: Seien Sie zurückhaltend mit zu persönlichen Angelegenheiten wie Krankheit, Beziehungskrisen etc.

G

Gefühle und
Emotionen

25 Montrer de l'intérêt ou du désintérêt

Interesse und Desinteresse bekunden

Die in den folgenden
Sätzen genannten
Vorlieben und Abnei-
gungen können Sie
natürlich beliebig
Ihren persönlichen
Interessen anpassen.
Achtung bei den
Präpositionen:
s'intéresser à = sich
interessieren für

J'adore la montagne.	Ich liebe die Berge.
J'aime faire de la randonnée.	Ich wandere gern.
J'adore la glace.	Ich liebe Eis(creme).
Je ne peux pas résister au chocolat.	Schokolade kann ich einfach nicht widerstehen.
Je m'intéresse à l'histoire.	Ich interessiere mich für Geschichte.
J'aime les animaux.	Ich mag Tiere.
Martin est fan de théâtre.	Martin ist Theaterfan.
Est-ce que tu aimes le foot ?	Magst du Fußball?
Je suis un grand fan de films français.	Ich bin ein großer Fan französischer Filme.
Simon est passionné de golf.	Simon ist begeisterter Golfer.
Raymond est un fana d'informatique.	Raymond ist ein Computerfreak.
Je suis ♂ fou / ♀ folle de la cuisine française.	Ich bin verrückt nach französischer Küche.
J'ai un faible pour Julia.	Ich habe eine Schwäche für Julia.

Faible kann man
auch für Gegen-
stände verwenden:
*J'ai un faible pour
cette robe.*

Je ne suis pas trop sport.	Ich mache mir eigentlich nichts aus Sport.
Je n'aime pas les talk-shows.	Ich mag keine Talkshows.
Je déteste la musique électronique.	Ich hasse Elektro-Musik.
Je ne peux pas supporter les gens qui n'arrivent pas à se décider.	Ich kann Leute, die sich nicht entscheiden können, nicht ausstehen.

Le jardinage, ce n'est vraiment pas mon truc.	Gartenarbeit ist einfach nicht mein Ding.
Je n'ai pas une haute opinion de cet auteur.	Ich halte nicht viel von diesem Autor.
Je ne perds pas mon temps avec de telles personnes.	Für solche Leute ist mir meine Zeit zu schade.
Rebecca accepte mal la critique.	Rebecca kann Kritik schlecht annehmen.
Tom n'est simplement pas mon type.	Tom ist einfach nicht mein Typ.
Cela ne me dérange pas.	Es macht mir nichts aus.
Cela m'est égal.	Mir ist es gleich.
Peu importe.	Das ist nicht so wichtig.
Je n'ai rien contre.	Ich habe nichts dagegen.
Je m'en fiche.	Das juckt mich nicht.
Je m'en fous.	Das ist mir schnurzegal.
Je m'en remets à vous.	Ich richte mich ganz nach euch.
Ce n'est pas mon problème. / Ce ne sont pas mes affaires.	Das ist nicht mein Problem.
C'est ton problème. / Ce sont tes affaires.	Das ist dein Problem.
Qui ça intéresse ?	Wen interessiert's?
Et alors ?	Na und?
Fais ce que tu veux.	Mach, was du willst.
Je n'en ai rien à foutre.	Es ist mir scheißegal.

Umgangssprache!

Achtung: Vulgär.

Achtung: Vulgär.

> **Gut zu wissen!**
> Zu einer lebhaften Kommunikation gehört auch die Fähigkeit, zu differenzieren. Gerade bei Vorlieben und Abneigungen gibt es viele Möglichkeiten, die eigene Haltung oder Einstellung facettenreich kundzutun.
> Die Skala der Vorlieben kann von *aimer (bien)* (mögen) über *adorer* (lieben, sehr mögen) bis hin zu *être ♂ fou / ♀ folle de* (verrückt sein nach) reichen. Und die Abneigungen von *désapprouver* (missbilligen) bis hin zu *détester* und *avoir en horreur* (beide: hassen, verabscheuen).

G

Gefühle und
Emotionen

26 Espoir, joie et bonheur
Hoffnung, Freude und Glück

Nach *espérer* (hoffen) steht der Indikativ.

Statt die Daumen zu drücken, werden in Frankreich zum Glück wünschen die Finger gekreuzt. Siehe auch S. 111.

J'espère que tout va bien se passer.	Ich hoffe, alles geht gut.
J'espère que je verrai Jacques demain.	Ich hoffe, dass ich Jacques morgen sehe.
Je croise les doigts pour toi.	Ich drück(e) dir die Daumen.
Espérons le meilleur.	Hoffen wir das Beste.
Myriam a bon espoir de trouver un travail bientôt.	Myriam hat große Hoffnung, bald eine Arbeit zu finden.
Je suis assez optimiste pour le futur.	Ich blicke ziemlich optimistisch in die Zukunft.
Je ne désespère pas de trouver un appartement abordable.	Ich habe die Hoffnung noch nicht aufgegeben, eine bezahlbare Wohnung zu finden.
Nous sommes tous assez confiants.	Wir sind alle ziemlich zuversichtlich.
Cela va donner de l'espoir à beaucoup de gens.	Das wird vielen Menschen Hoffnung geben.
Il y a de la lumière au bout du tunnel.	Es gibt Licht am Ende des Tunnels.
Il y a une lueur d'espoir.	Es gibt einen Hoffnungsschimmer.
Marc viendra à la fête ? – *Je l'espère. / Je ne l'espère pas.*	Wird Marc auf der Party sein? – *Ich hoffe es. / Ich hoffe nicht.*
Si tout va bien, tout sera *prêt / fini* à la fin de la semaine.	Wenn alles gut geht, ist bis zum Wochenende alles fertig.
Cette nouvelle est *prometteuse / encourageante.*	Diese Nachricht ist *vielversprechend / ermutigend.*

Je suis si ♂ heureux / ♀ heureuse !	Ich bin so glücklich.
Je suis si ♂ heureux / ♀ heureuse que tout se soit bien passé.	Ich bin so froh, dass alles gut gegangen ist.
Je suis (très) ♂ heureux / ♀ heureuse que tout aille mieux pour toi.	Ich bin (sehr) froh, dass es dir wieder gut geht.
Rémi était d'assez bonne humeur.	Rémi war in ziemlich guter Stimmung.
Laura était super contente.	Laura war überglücklich.
Quand le bébé est né nous étions comblés de bonheur.	Als das Baby geboren wurde, waren wir überglücklich.
Ils étaient tous de bonne humeur.	Alle waren gut gelaunt.
Quand elle a appris les résultats de ses examens, elle était toute tourneboulée.	Als sie ihre Prüfungsergebnisse erfahren hat, war sie ganz aus dem Häuschen.
Nous étions immensément heureux.	Wir haben uns riesig gefreut.
Tu as / Cela a sauvé ma journée.	*Du hast / Das hat* mir den Tag gerettet.
Tu m'as rendu le sourire.	Du hast mich aufgeheitert.
Tout est bien qui finit bien.	Ende gut, alles gut.

Nach *être* + Adjektiv, das ein Gefühl ausdrückt + *que* steht der Subjonctif: *Je suis triste / déçu qu'il ne soit pas là.*

Être comblé(e) de bonheur ist recht förmlich.

> **Gut zu wissen!**
> Um zukünftige Dinge auszudrücken gibt es folgende Möglichkeiten:
> - das Präsens zusammen mit Zeitangaben, die deutlich machen, dass die Handlung in der Zukunft stattfindet: *Il revient dans deux jours.* (Er kommt in zwei Tagen wieder.)
> - die einfache Zukunft (*futur simple*), zusammengesetzt aus Futur-Stamm des Verbes und entsprechender Endung: *J'irai faire les courses plus tard.* (Ich werde später einkaufen gehen.)
> - für unmittelbar bevorstehende Handlungen die nahe Zukunft (*futur proche*), bestehend aus einer Präsensform von *aller* + Infinitiv: *Il est déjà 22h00 ; je vais rentrer.* (Es ist schon 22 Uhr, ich werde nach Hause gehen.)

27 Déception et tristesse
Enttäuschung und Traurigkeit

J'ai été déçu(e) *par les / des* résultats.	Ich war von den Ergebnissen enttäuscht.
Vous m'avez déçu(e). J'en attendais plus.	Sie haben mich enttäuscht. Ich hatte mehr erwartet.
Nous étions si déçu(e)s.	Wir waren so enttäuscht.
C'était une déception amère.	Es war eine herbe Enttäuschung.
Mes collègues ne m'ont pas aidé(e) et j'ai eu l'impression qu'on me laissait tomber.	Meine Kollegen haben mir nicht geholfen und ich fühlte mich im Stich gelassen.
À ma grande déception, je n'ai pas eu d'entretien d'embauche.	Zu meiner großen Enttäuschung bekam ich noch nicht einmal ein Vorstellungsgespräch.
Le week-end complet n'était pas à la hauteur de nos attentes.	Das ganze Wochenende hat unsere Erwartungen enttäuscht.
C'était un bide total.	Es war ein totaler Reinfall.
Cela reste bien en-dessous de nos attentes.	Es bleibt weit hinter den Erwartungen zurück.
La fête était un *bide / fiasco*.	Die Party war ein Reinfall.
Je me sens si…	Ich fühle mich so …
… triste.	… traurig.
… ♂ malheureux / ♀ malheureuse.	… unglücklich.
… mal.	… elend.
Je suis parti(e) le cœur gros.	Ich bin schweren Herzens gegangen.

laisser tomber quelqu'un = jemanden im Stich lassen

Bide und *fiasco* sind umgangssprachlich.

Nous étions vraiment tous bouleversés.	Wir waren wirklich alle bestürzt.
Max est vraiment au plus bas.	Max ist wirklich geknickt.
Tu as l'air plutôt épuisé(e).	Du siehst ziemlich mitgenommen aus.
J'étais tellement *abattu(e) / désolé(e)*.	Ich war so *niedergeschlagen / betrübt*.
J'étais tellement découragé(e).	Ich war so entmutigt.
Pourquoi as-tu l'air si désolé(e) ?	Warum siehst du so bedrückt aus?
Jacques est *triste à mourir / complètement déprimé*.	Jacques ist *zu Tode betrübt / völlig deprimiert*.
Quand son équipe a perdu, il était inconsolable.	Als seine Mannschaft verloren hat, war er untröstlich.
Tous les malheurs qui me sont arrivés ces derniers mois m'ont vraiment éprouvé(e).	All die schlimmen Dinge, die mir in den letzten Monaten passiert sind, haben mir ganz schön zugesetzt.
Rachel pleure encore son mari *défunt / décédé*.	Rachel trauert noch um ihren verstorbenen Mann.
La famille est encore en deuil.	Die Familie trauert noch.

Gut zu wissen!
Negative Gefühle auszudrücken, ist offen und ehrlich, aber man sollte den Eindruck vermeiden, zu jammern. Nützlich sind dabei Aussagen wie:
Mais je vais y arriver. oder *Je vais m'en sortir.* (Aber ich schaffe es schon.)
Mais il le prend avec philosophie. (Aber er trägt es mit Fassung.)
Mais on doit serrer les dents et continuer à avancer. (Man muss einfach die Zähne zusammenbeißen und weitermachen.)
Mais la vie continue. (Aber das Leben geht weiter.)

28 Surprise et incrédulité
Überraschung und Unglaube

Ça alors ! = Das ist
doch nicht zu
fassen! / Also nein!

J'étais si surpris(e) !	Ich war so überrascht.
Nous étions *surpris(es) / étonné(e)s*.	Wir waren *erstaunt / verwundert*.
Nous avons tous été totalement surpris par la nouvelle.	Die Nachricht überraschte uns alle völlig.
Je n'arrive pas à y croire.	Ich kann es nicht fassen.
Nous ne pouvions juste pas le croire.	Wir konnten es einfach nicht glauben.
Je ne sais pas ce que je dois dire.	Ich weiß nicht, was ich sagen soll.
J'étais stupéfait(e).	Ich war verblüfft.
Cela nous a complètement stupéfaits.	Das hat uns total verblüfft.
Ça *m'a / nous a* coupé le souffle.	Es *hat mir / hat uns* den Atem verschlagen.
J'en suis resté(e) baba.	Ich war ganz platt.
Je *suis sans voix / n'ai pas de mot*.	Ich bin sprachlos.
C'était si irréel.	Es war so unwirklich.
Cela m'a vraiment ouvert les yeux.	Das hat mir wirklich die Augen geöffnet.
C'est à peine *croyable / imaginable*.	Das ist kaum fassbar.
Mais c'est incroyable.	Aber das ist ja unglaublich.
C'était extrêmement étonnant.	Das war höchst erstaunlich.
Je ne le crois pas.	Das glaube ich nicht!

Jamais de la vie ! C'est impossible.	Niemals! Das ist unmöglich.
C'est trop beau pour être vrai.	Das ist zu schön, um wahr zu sein.
Ce n'était pas une surprise.	Es war keine Überraschung.
(Ce n'est) pas étonnant.	Kein Wunder.
Je n'ai pas été étonné(e) le moins du monde.	Ich war nicht im Geringsten überrascht.
Ne me prends pas pour ♂ un idiot / ♀ une idiote.	Verkauf mich nicht für dumm.
Tu parles ! / Mon œil !	Wer's glaubt, wird selig.
Elle ne l'aurait jamais fait.	Das hätte sie nie getan.
Tu ne peux pas me faire croire que…	Du kannst mir nicht weiß machen, dass …
Je ne suis pas né(e) d'hier.	Ich bin nicht von gestern.
Je suis une sceptique-née.	Ich bin die geborene Skeptikerin.
Je suis un cynique-né.	Ich bin der geborene Zyniker.
C'est une histoire à dormir debout.	Das ist ein Ammenmärchen.
Je ne l'ai pas pris pour argent comptant.	Ich habe es nicht für bare Münze genommen.
Cela ne semble pas du tout plausible.	Das klingt überhaupt nicht plausibel.
C'est inconcevable que Jacques fasse quelque chose comme ça.	Es ist unvorstellbar, dass Jacques so etwas tun würde.

Tu parles ! heißt wörtlich etwa „Red(e) du nur". Zu *Mon œil !* siehe Seite 111.

Bedeutet, dass eine Geschichte so langweilig, so lang oder so übertrieben ist, dass der Zuhörer im Stehen einschläft!

Die Wertung durch *c'est inconcevable que* erfordert den Subjonctif. *Faire* hat im Subjonctif einen unregelmäßigen Verbstamm: *fasse*.

Gut zu wissen!
Das Gegenteil von Adjektiven kann oft mithilfe von Vorsilben ausgedrückt werden. Am häufigsten ist die Vorsilbe *in*-: *croyable* / *in*croyable (glaubwürdig / unglaubwürdig). Vor Adjektiven die mit *b, m* oder *p* beginnen, wird *in*- zu *im*-: *patient* / *im*patient (geduldig / ungeduldig). Vor den Anfangsbuchstaben l und r hingegen kommt es zu einer Verdoppelung des Konsonanten: *logique* / *ill*ogique (logisch / unlogisch).

H

Die Meinung äußern

Ansichten anderer und die eigene Meinung

Vorsicht mit den Präpositionen:
- *penser quelque chose **de** quelqu'un / quelque chose*
- *avoir une opinion **sur** quelque chose / quelqu'un*

Que pensez-vous ?	Was denken Sie?
Qu'en pensez-vous ?	Was denken Sie darüber?
Quelle est votre opinion (sur cette question) ?	Was ist Ihre Meinung (hierzu)?
Quel est votre point de vue (sur cette affaire) ?	Was sind Ihre Ansichten (in dieser Angelegenheit)?
Quel est votre avis (sur cette question) ?	Was ist *Ihr Standpunkt / Ihre Einstellung* (dazu)?
Qu'en pensez-vous ? / Que pensez-vous de cela ?	Was halten Sie davon?
Où vous situez-vous (dans cette affaire) ?	Wo stehen Sie (in dieser Sache)?
Quelle est votre position ?	Wie ist Ihr Standpunkt?
Comment voyez-vous cette affaire ?	Wie sehen Sie diese Sache?

Die folgenden Beispielsätze zeigen Ihnen eine Vielfalt an Wendungen, mit denen Sie – neben dem einfachen *je pense que* – Ihre eigene Meinung kundtun können.

Je pense que Julien a raison.	Ich denke, Julien hat Recht.
Si vous me le demandez, je pense que c'est une idée prometteuse.	Wenn Sie mich fragen, ist das eine vielversprechende Idee.
Personnellement, je suis très confiant(e).	Ich persönlich bin sehr zuversichtlich.
Comme je le vois, ce n'est pas le meilleur moment.	So wie ich das sehe, ist jetzt nicht der beste Zeitpunkt.
À mon avis, nous devrions *épargner / économiser* plus.	Meiner Meinung nach sollten wir mehr sparen.
À mon avis, c'est une perte de temps.	Meiner Meinung nach ist das Zeitverschwendung.

Je suis d'avis que trop peu d'argent est distribué pour la formation.	Ich bin der Meinung, dass nicht genug Geld für Bildung ausgegeben wird.
Je crois que nous devons tous travailler plus dur.	Ich glaube, dass wir alle härter arbeiten müssen.
Je crois que nous sommes sur le bon chemin.	Ich glaube, wir sind auf dem richtigen Weg.
Je ne considère pas que Nicolas soit la meilleure personne pour *la place / le poste*.	Ich betrachte Nicolas nicht als den besten Mann für die Stelle.
En ce qui me concerne, tout marche parfaitement.	Was mich betrifft, läuft alles prima.
De mon point de vue, plus de consommation aide toujours l'économie.	Von meiner Warte aus, hilft mehr Konsum der Wirtschaft immer.
Pour moi, c'est une des meilleures *écrivains / auteurs* de son temps.	Für mich ist sie eine der besten Schriftstellerinnen ihrer Zeit.
J'estime qu'il y aura de grands changements.	Ich schätze, es wird große Veränderungen geben.
Je crois que Sophie reviendra bientôt.	Ich glaube, dass Sophie bald zurück sein wird.
J'estime que c'est simplement une question de temps.	Ich schätze, es ist einfach eine Frage der Zeit.

Heutzutage kann man auch *écrivaine* oder *auteure* lesen. Diese weiblichen Formen sind von der *Académie française* aber noch nicht offiziell anerkannt worden.

Gut zu wissen!
Meinungsäußerungen werden in der gesprochenen Sprache oft abgemildert, um weniger direkt zu wirken.
Beispiele:
D'une certaine manière, je pense que... (Irgendwie denke ich ...)
D'une certaine manière, j'ai le sentiment que... (Irgendwie habe ich das Gefühl ...)
À vrai dire, il me semble que... (Ehrlich gesagt erscheint mir ...)
Je suis plus ou moins de l'avis que... (Ich bin mehr oder weniger der Ansicht, dass ...)
Mon avis serait plutôt de / que... (Meine Meinung ist eher ...)

H

Die Meinung äußern

Denken Sei daran, dass es sich bei „absolut, total, …" um Adverbien handelt. Im Französischen müssen Sie also die Endung *-(e)ment* hinzufügen.

30 Exprimer son approbation
Zustimmung ausdrücken

C'est vrai. / C'est juste.	Das ist richtig.
Vous avez (absolument) raison.	Sie haben (absolut) Recht.
Tu as totalement raison.	Du hast total Recht.
C'est exactement cela.	Genau das ist es.
Je suis d'accord (*avec toi / avec cela*).	Ich stimme (*dir / dem*) zu.
Je suis *complètement / totalement* **d'accord.**	Ich bin völlig einverstanden.
Je vois cela totalement de la même façon.	Ich sehe das ganz genauso.
Nous sommes donc du même avis.	Wir sind also einer Meinung.
Nous sommes tombé(e)s d'accord.	Wir sind uns einig.
Je suis du même avis.	Ich bin der gleichen Meinung.
Je partage votre point de vue.	Ich teile Ihre Ansicht.
C'est aussi *mon opinion / mon avis / mon point de vue / mon impression.*	Das ist auch *meine Meinung / meine Ansicht / mein Standpunkt / mein Eindruck.*
Apparemment, nous avons le même point de vue.	Wir haben anscheinend ähnliche Ansichten.
Je vois cela de la même façon.	So sehe ich es auch.
Je suis d'accord (à cent pour cent).	Ich bin (hundert Prozent) einverstanden.
Je le pense aussi.	Das denke ich auch.
Je crois que tu as raison.	Ich glaube, du hast Recht.

Dans cette affaire, nous sommes du même avis.	Wir sind in dieser Sache einer Meinung.	
Il y a beaucoup de vérité là-dedans.	Da ist viel Wahres dran.	
C'est trop vrai.	Nur zu wahr.	
C'est comme ça.	So ist es.	
Exactement. / Tout-à-fait.	Genau.	
Et comment !	Und ob.	
J'aime cette idée. – Moi aussi.	Ich mag diese Idee. – Ich auch.	
Tu peux le répéter.	Das kannst du laut sagen.	Wörtlich: Das kannst du wiederholen.
J'en suis convaincu.	Davon bin ich überzeugt.	
Ce que vous *dites / pensez* est correct.	Was Sie da *sagen / denken*, ist korrekt.	
Je le soutiens.	Das unterstütze ich.	Da *supporter* meist einen negativen Beigeschmack hat (ertragen, erdulden), wird für „unterstützen" oft *soutenir* verwendet.
Je suis vraiment pour (faire cela).	Ich bin sehr dafür(, das zu tun).	
Vous avez mon *appui / soutien* total.	Sie haben meine volle Unterstützung.	
Nous sommes sur le bon chemin.	Wir sind auf dem richtigen Weg.	
Tu as mis le doigt dessus.	Du hast den Nagel auf den Kopf getroffen.	Wörtlich: Du hast den Finger darauf gelegt.
Je n'aurais pas mieux dit moi-même.	Das hätte ich selbst nicht besser sagen können.	
Tu es vraiment bien placé.	Da liegst du genau richtig.	

Gut zu wissen!
D'accord hat mehrere Bedeutungen und Möglichkeiten der Verbindung:
- *(C'est) d'accord*: Gut! Einverstanden! In Ordnung!
- *être d'accord*: einverstanden sein
- *être d'accord avec quelqu'un*: (sich) mit jemandem einig sein
- *se mettre d'accord avec quelqu'un*: sich mit jemandem einigen
- *tomber d'accord avec quelqu'un sur quelque chose*: sich mit jemandem auf etwas einigen

H

Die Meinung äußern

Widerspruch trägt man besser mit Bedauern oder indirekt vor:
Je suis désolé(e), mais…
J'ai peur que + Subjonctif
Je regrette, mais…

Ausdrücke des Zweifels und der Ungewissheit in einer Satzkonstruktion mit *que* erfordern den Subjonctif.

31 Contredire
Widersprechen

Je ne suis pas sûr(e) d'être d'accord.	Ich bin mir nicht sicher, ob ich einverstanden bin.
Je suis désolé(e) mais je ne suis pas d'accord (*avec vous / avec cela*).	Tut mir leid, ich stimme (*Ihnen / dem*) nicht zu.
J'ai peur de ne pas être d'accord.	Ich fürchte da bin ich anderer Meinung.
Je ne pense vraiment pas qu'on puisse dire cela.	Ich glaube eigentlich nicht, dass man das so sagen kann.
J'en doute plutôt.	Das bezweifle ich eher.
Je doute vraiment que cela soit le cas.	Ich bezweifle sehr, dass dies der Fall ist.
Je ne suis pas très sûr(e) de cela.	Da bin ich mir nicht so sicher.
Cela paraît plutôt invraisemblable.	Das scheint eher unwahrscheinlich.
Je suis plutôt sceptique.	Ich bin eher skeptisch.
Je crois qu'il y a un malentendu.	Ich glaube, es liegt ein Missverständnis vor.
Sur cette question, nous sommes d'un autre avis.	Wir sind (darüber) anderer Meinung.
Nous avons des points de vue différents.	Wir haben unterschiedliche Ansichten.
Je suis contre.	Ich bin dagegen.
Dans cette affaire, nous avons des opinions différentes.	Wir sind in dieser Sache unterschiedlicher Meinung.

En référence à ce que vous venez de dire, je dois vous contredire.	Ich muss Ihnen in Bezug auf das, was Sie gerade gesagt haben, widersprechen.
Ce n'est pas *juste / correct*.	Das ist nicht *richtig / korrekt*.
Cela ne peut absolument pas être vrai.	Das kann doch nicht wahr sein.
Je suis *totalement / complètement* d'un autre avis.	Ich bin völlig anderer Meinung.
Là, vous êtes totalement dans le faux.	Da liegen Sie ganz falsch.
Tu es sur la mauvaise voie.	Du bist auf der falschen Fährte.
Je ne le vois pas du tout de cette façon.	Das sehe ich gar nicht so.
Là, je dois te contredire.	Da muss ich dir widersprechen.
Ils ne se sont absolument pas mis d'accord.	Sie konnten sich absolut nicht einigen.
Ils se *chamaillent / crêpent le chignon*.	Sie liegen sich in den Haaren.

Mit *venir de* wird die unmittelbare Vergangenheit ausgedrückt, also das, was gerade eben getan oder gesagt wurde.

Gut zu wissen!
Schließen Sie sich einer positiven Meinung an, so können Sie kurz und knapp mit *moi aussi* (ich auch) antworten: *Je trouve ça logique. – Moi aussi.* (Ich finde das logisch. – Ich auch.)
Wollen Sie „auch nicht" zum Ausdruck bringen, also einer negativen Meinung beipflichten, dann verwenden Sie *moi non plus* (ich auch nicht): *Je ne trouve pas ça logique. – Moi non plus.* (Ich finde das nicht logisch. – Ich auch nicht.)
Mit *moi pas* (ich nicht) oder *moi si* (ich schon) können Sie der Auffassung Ihres Gegenübers kurz und knapp widersprechen:
Je trouve ça logique. – Moi pas. (Ich finde das logisch. – Ich nicht.)
Je ne trouve pas ça logique. – Moi si. (Ich finde das nicht logisch. – Ich schon.)

32 Plainte et réclamation
Beschwerde und Reklamation

Je suis désolé(e) mais j'ai une réclamation.	Es tut mir leid, aber ich habe eine Beschwerde.
Malheureusement, je dois me plaindre du service.	Ich muss mich leider über den Service beschweren.
J'ai peur qu'il y ait un petit problème.	Es gibt leider ein kleines Problem.
Il semble que quelque chose ne marche pas.	Es scheint etwas nicht in Ordnung zu sein.
La salle de bain n'a pas été nettoyée.	Das Bad ist nicht gereinigt worden.
Le chauffage ne fonctionne pas.	Die Heizung funktioniert nicht.
Il n'y a pas de serviettes.	Es gibt keine Handtücher.
L'ampoule est grillée.	Die Glühbirne ist kaputt.
Quelque chose ne va pas avec la climatisation.	Etwas stimmt mit der Klimaanlage nicht.
Les toilettes sont bouchées.	Die Toilette ist verstopft.
C'est trop…	*Er / Sie / Es* ist zu …
… grand.	… groß.
… petit.	… klein.
… long.	… lang.
… court.	… kurz.
La voiture est sale.	Das Auto ist dreckig.
Il manque une partie.	Ein Teil fehlt.
Quand j'appuie sur le bouton, il ne se passe rien.	Wenn ich den Knopf drücke, passiert nichts.

Die folgenden Sätze sind vor allem auf Reisen sehr nützlich.

die Toilette
(Singular) =
les toilettes (Plural)

L'écran reste noir.	Der Bildschirm bleibt schwarz.
Pouvez-vous le réparer ?	Können Sie das bitte richten?
Pouvez-vous faire quelque chose ?	Können Sie etwas (dagegen) tun?
Je suis certain(e) que nous allons trouver un moyen de résoudre cela.	Ich bin sicher, dass wir einen Weg finden, das zu klären.
Je sais que ce n'est pas votre faute.	Ich weiß, dass das nicht Ihre Schuld ist.
J'aimerais un appareil de remplacement.	Ich hätte gern Ersatz.
Je voudrais demander un remboursement.	Ich möchte um Erstattung bitten.
Je veux qu'on me rende mon argent.	Ich will mein Geld zurück.
Je veux parler *au gérant / à la gérante.*	Ich will mit *dem Geschäftsführer / der Geschäftsführerin* sprechen.
J'exige de parler à la personne compétente.	Ich verlange, die zuständige Person zu sprechen.
Je ne peux pas tolérer qu'on me traite de cette façon.	Ich verbitte mir eine solche Behandlung.

> **Gut zu wissen!**
> Nach Verben der Willensäußerung mit *que*, steht der Subjonctif:
> *J'aimerais que* (Ich hätte gern) / *Je souhaite que* (Ich wünsche) / *Je veux que* (Ich will) / *J'exige que* (Ich verlange) *vous me **rendiez** mon argent* (mein Geld zurück).
> Mit einer Beschwerde hat man am ehesten Erfolg, wenn man höflich bleibt. Wenn man mit Wendungen wie *Je regrette, mais…* (Ich bedaure, aber …) oder *Je suis désolé(e), mais…,* (Es tut mir leid, aber …) beginnt, klingt es automatisch viel weniger vorwurfsvoll. Die Chance, dass das Problem schnell gelöst wird, hat sich dann auch gleich verdoppelt.

33 Propositions et recommandations
Vorschläge und Empfehlungen

Qu'est-ce qu'il y a à *voir / visiter* ici ?	Was gibt es hier zu *sehen / besichtigen*?
Que (nous) proposez-vous ?	Was schlagen Sie (uns) vor?
Pouvez-vous nous donner quelques tuyaux ?	Können Sie uns ein paar Tipps geben?
Pouvez-vous nous recommander un restaurant ?	Können Sie uns ein Restaurant empfehlen?
Avez-vous quelques suggestions pour nous ?	Haben Sie ein paar Anregungen für uns?
Et si vous alliez au cinéma ?	Wie wäre es mit Kino?
Vous pourriez aller dans un parc à thèmes.	Sie könnten in einen Themenpark gehen.
Et si vous alliez visiter la vieille ville ?	Wie wär's mit der Altstadt?
Pourquoi est-ce qu'on n'irait pas à la plage ?	Warum gehen wir nicht zum Strand?
Faisons une promenade en bateau.	Lasst uns eine Bootsfahrt machen.
Je vous propose de nous reposer et de ressortir après.	Ich schlage vor, wir ruhen uns aus und ziehen dann wieder los.
Puis-je faire une autre proposition ?	*Kann / Darf* ich einen anderen Vorschlag machen?
Si je pouvais faire une autre proposition,...	Wenn ich einen anderen Vorschlag machen dürfte, ...
J'ai une meilleure idée.	Ich habe eine bessere Idee.
Si ça vous dit, nous pouvons prendre notre voiture.	Wenn ihr möchtet, können wir unser Auto nehmen.

Die Formel *Et si vous...* heißt wörtlich: „Und wenn ihr / Sie ..."

Das deutsche Modalverb „dürfen" wird im Französischen mit *pouvoir* wiedergegeben. Aber Vorsicht: Bei „nicht dürfen" greift man auf *ne pas devoir* zurück und „dürfte" als Ausdruck einer Vermutung wird mit *ça devrait* + Infinitiv wiedergegeben.

Voudrais-tu que je vous y emmène ?	Möchtest du, dass ich euch hinbringe?
Pouvons-nous nous retrouver dans une demi-heure (à la réception) ?	Können wir uns in einer halben Stunde (an der Rezeption) treffen?
Peut-être voudriez-vous boire un cocktail au Perroquet Vert ?	Vielleicht möchten Sie im Perroquet Vert einen Cocktail trinken.
Le mieux serait que l'on se retrouve à neuf heures.	Das Beste wäre, sich um neun zu treffen.
À ta place, je réserverais sur internet.	An deiner Stelle, würde ich online reservieren.
Je vous recommanderais fortement de réserver à l'avance.	Ich würde euch sehr empfehlen, vorher zu reservieren.
Nous pourrions simplement aller dans un *bar / bistro*.	Wir könnten einfach *in ein Pub / in eine Kneipe* gehen.
Je n'ai pas de meilleure idée, alors faisons simplement ce qu'Annie a proposé.	Mir fällt nichts Besseres ein, also könnten wir auch einfach das tun, was Annie vorschlägt.
Écoute voir / C'est mon conseil : cela n'en vaut pas la peine.	Hör auf meinen Rat: Es ist die Mühe nicht wert.

Der Conditionnel wird benutzt, um Ratschläge zu erteilen.

Gut zu wissen!
Um Vorschläge zu machen, haben Sie neben dem Conditionnel folgende Möglichkeiten:
- *(Et) si* + Imparfait: *Et si on allait rendre visite à Tom ?* (Wie wäre es, wenn wir Tom besuchen?)
- *Si ça vous dit* + Präsens: *Si ça vous dit, on peut aller se promener.* (Wenn es euch gefällt, können wir spazieren gehen.)
- *Proposer de faire quelque chose*: *Je vous propose de faire du shopping.* (Ich schlage (euch) vor, shoppen zu gehen.)
- Imperativ: *Allons à la piscine !* (Lasst uns ins Schwimmbad gehen!)

34 Au restaurant
Im Restaurant

Für höfliche Bitten
verwendet man den
Conditionnel.

Je voudrais réserver une table.	Ich möchte einen Tisch reservieren.
Pour combien de personnes ?	Für wie viele Personen?
Une table pour quatre personnes pour 19 heures 30.	Ein Tisch für vier Personen um 19.30 Uhr.
Si possible, nous aimerions une table *près de la fenêtre / dehors sur la terrasse / dans le jardin / dans un coin tranquille.*	Nach Möglichkeit hätten wir gern einen Tisch *am Fenster / draußen auf der Terrasse / im Garten / in einer ruhigen Ecke.*
Bonsoir, nous avons une réservation au nom de…	Guten Abend, wir haben eine Reservierung auf den Namen …

Le menu ist sowohl
„das Menü" als auch
„die Speisekarte".

Pouvons-nous avoir *la carte / le menu,* s'il vous plait ?	Können wir bitte die Speisekarte haben?
Quel est le plat du jour ?	Was für ein Tagesgericht gibt es?

als Vorspeise =
en entrée oder
comme entrée

Avez-vous choisi ?	Haben Sie gewählt?
Je prends une salade composée en entrée.	Ich nehme einen gemischten Salat als Vorspeise.
Et comme plat principal, je prendrais bien des pâtes avec du saumon.	Und als Hauptgericht hätte ich gern die Nudeln mit Lachs.
Je suis végétarien(ne).	Ich bin Vegetarier(in).
Je suis allergique à…	Ich bin gegen … allergisch.
Est-ce que je peux avoir le plat sans pommes de terre ?	Kann ich das Gericht ohne Kartoffeln bekommen?
Est-ce que je pourrais avoir plus de légumes à la place ?	Könnte ich stattdessen mehr Gemüse bekommen?

J'aimerais le steak *saignant / à point / bien cuit*.	Ich hätte das Steak gern *blutig / medium / durchgebraten*.
Pourriez-vous m'apporter *un couteau / une autre fourchette / une cuillère propre*, s'il vous plait ?	Könnten Sie mir bitte *noch ein Messer / eine neue Gabel / einen sauberen Löffel* bringen.
Et comme boisson, nous aimerions une bouteille d'eau *pétillante / plate*.	Und zu trinken hätten wir gern eine Flasche Wasser *mit / ohne* Kohlensäure.
Simplement de l'eau du robinet, s'il vous plait.	Einfach Leitungswasser, bitte.
Je prends un cocktail.	Ich nehme einen Cocktail.
Je suis rassasié(e).	Ich bin satt.
J'ai fini.	Ich bin fertig.
Je n'en peux plus.	Mehr schaffe ich nicht.
Pas de dessert pour moi.	Für mich kein Dessert.
L'addition, s'il vous plait.	Die Rechnung, bitte.
Est-ce que le service est compris ?	Ist die Bedienung inbegriffen?
On paye ici ou *au bar / à la sortie* ?	Bezahlen wir hier oder *an der Theke / am Ausgang*?
On partage l'addition.	Wir teilen die Rechnung.
Je t'invite.	Ich lade dich ein.
Alors la prochaine fois, c'est mon tour.	Dann bin ich nächstes Mal dran.

Wenn die Menge angegeben ist, verwendet man nur *de* (und nicht ~~du, de la~~ oder ~~des~~): *une assiette de légumes, une bouteille d'eau, une tasse de café, un plat de viande, un verre de jus de fruits.*

In Frankreich ist der Service in der Rechnung inbegriffen. Das Trinkgeld lässt man einfach auf dem Tisch liegen. Getrennte Rechnungen zu verlangen ist in Frankreich eher unüblich.

Gut zu wissen!
In französischen Cafés kann man sich selbst einen Tisch aussuchen; im Restaurant bekommt man einen Tisch zugewiesen. In den meisten Cafés und Restaurants bestellt und bezahlt man am Tisch.
In Frankreich gibt es drei verschiedene Sorten Wasser: *l'eau pétillante* (Mineralwasser mit Kohlensäure), *l'eau plate* (Mineralwasser ohne Kohlensäure) und *l'eau en carafe* (Wasser im Glaskrug). Das *eau en carafe* ist Leitungswasser. Es steht immer auf dem Tisch und kostet nichts.

35 Shopping
Shopping

Cher (bzw. *chère*)
bedeutet im Franzö-
sischen sowohl
„teuer", als auch
„lieb". Mit *cher /
chère* werden auch
Briefe eröffnet:
Chère Caroline, ...
(Liebe Caroline, ...)

Combien ça coûte ? / C'est combien ?	Wie viel kostet das?
Malheureusement, c'est trop cher.	Das ist leider zu teuer.
C'est plus que ce que je voulais dépenser.	Das ist mehr, als ich ausgeben wollte.
Auriez-vous quelque chose de moins cher ?	Haben Sie etwas Günstigeres?
Je cherche un cadeau d'anniversaire.	Ich suche ein Geburtstagsgeschenk.
Auriez-vous quelque chose qui pourrait plaire à une personne âgée ?	Haben Sie etwas, das einer älteren Person gefallen könnte?
Puis-je vous aider ? – Non merci, je regarde seulement.	Kann ich Ihnen helfen? – Danke, ich schaue nur.
Je prends *cela / ça*.	Ich nehme es.
Je ne le prends pas, merci.	Danke, ich nehme es nicht.
Est-ce que je peux essayer *cela / ça*, s'il vous plaît ?	Kann ich das bitte anprobieren?
Où sont les cabines d'essayage ?	Wo sind die Umkleidekabinen?
L'auriez-vous dans une autre couleur ?	Hätten Sie es in einer anderen Farbe?
Auriez-vous une taille *au-dessus / en-dessous* ?	Hätten Sie eine Nummer *größer / kleiner*?
Je fais du 40. Je ne sais pas à quelle taille cela correspond en France.	Ich habe Größe 40. Ich weiß nicht, welcher Größe das in Frankreich entspricht.

Ça va ?	Passt es?
C'est un peu trop *étroit / petit / large / grand*.	Es ist ein bisschen zu *eng / klein / weit / groß*.
Ça *vous / te* va bien.	Es steht *Ihnen / dir*.
Est-ce que ça va avec cette veste ?	Passt *er / sie / es* zu dieser Jacke?
C'est exactement ce que j'avais en tête.	Es ist genau das, was ich mir vorgestellt habe.
Ce n'est pas vraiment ce que je cherchais.	Es ist nicht ganz das, was ich gesucht habe.
Pouvez-vous me faire un *paquet / emballage* cadeau ?	Können Sie es als Geschenk einpacken?
Avez-vous un sachet ?	Haben Sie eine Einkaufstasche?
Est-ce que je peux échanger cela ?	Kann ich das umtauschen?
Je voudrais faire un retour.	Ich möchte das zurückgeben.
Avez-vous encore *la facture / le ticket de caisse* ?	Haben Sie noch *die Rechnung / den Kassenbon*?
J'aimerais être remboursé(e).	Ich hätte gern mein Geld zurück.
Entrez le code de votre carte bancaire. Et appuyez pour confirmer.	Geben Sie bitte Ihre PIN ein. Und drücken Sie, um zu bestätigen.
Avec cette carte il n'y a pas de code, je dois signer.	Zu dieser Karte gibt es keine PIN, ich muss unterschreiben.
Pourriez-vous me faire de la monnaie ?	Könnten Sie mir Kleingeld geben?

Die Bedingungen für den Umtausch von Waren sind auf dem Kassenbon festgehalten. Normalerweise können Sie die Artikel innerhalb von einer bis vier Wochen nach dem Kaufdatum zurückgeben. Ausnahme: Unterwäsche und Sonderangebote.

Gut zu wissen!
In der Regel sind die Geschäfte in Frankreich bis 19.30 oder 20.00 Uhr geöffnet. Große Supermärkte haben teilweise auch bis Mitternacht geöffnet, in Gewerbegebieten meist auch sonntags.
Übrigens: Bei französischer Kleidung müssen Sie eine Größe dazurechnen. Eine deutsche Größe 38 entspricht also einer französischen 40.

36 L'hébergement
In der Unterkunft

Bei einem *chambre
double* bekommen Sie
ein Doppelzimmer mit
Doppelbett. Möchten
Sie ein Doppelzimmer
mit zwei Einzelbetten
müssen Sie nach *une
chambre double avec
deux lits séparés*
fragen.

Avez-vous une chambre libre ?	Haben Sie ein Zimmer frei?
Nous cherchons une chambre *simple / double / familiale*.	Wir suchen ein *Einzel- / Doppel- / Mehrbett*zimmer.
Nous cherchons une chambre avec petit-déjeuner pour cette nuit.	Wir suchen für heute Nacht ein Zimmer mit Frühstück.
Nous aimerions *une chambre calme / une chambre qui donne sur l'arrière.*	Wir hätten gern *ein ruhiges Zimmer / ein Zimmer, das nach hinten geht.*
Le petit-déjeuner est *inclus / compris* ?	Ist das Frühstück inbegriffen?
Nous avons une réservation pour trois nuits au nom de…	Wir haben eine Reservierung für drei Nächte auf den Namen …
Pouvez-vous remplir le formulaire d'inscription, s'il vous plait ?	Können Sie bitte das Anmeldeformular ausfüllen?
Pouvez-vous signer ici, s'il vous plait ?	Können Sie bitte hier unterschreiben?
Comment voulez-vous *payer / régler* ?	Wie wollen Sie bezahlen?
La chambre a été réservée par internet et payée d'avance. Pourquoi avez-vous besoin de ma carte de crédit ?	Das Zimmer wurde über das Internet gebucht und im Voraus bezahlt. Warum brauchen Sie meine Kreditkarte?

Je dois entrer votre carte dans l'ordinateur mais elle ne sera seulement débitée qu'à votre départ.	Ich muss Ihre Karte in den Computer eingeben, aber sie wird erst beim Checkout belastet.
Si vous payez en liquide, j'ai besoin d'un prépaiement.	Wenn Sie bar bezahlen, brauche ich Vorauskasse.
La chambre n'est pas encore prête. Elle sera disponible à partir de 14 heures.	Das Zimmer ist noch nicht fertig. Es steht ab 14 Uhr zur Verfügung.
Puis-je laisser mes bagages ici ?	Kann ich mein Gepäck dalassen?
À quelle heure est le petit-déjeuner ?	Um wie viel Uhr ist Frühstück?
Où se trouve *l'ascenseur / la salle de fitness / l'espace détente* ?	Wo ist der *Aufzug / Fitnessraum / Wellnessbereich*?
Quel est le mot de passe pour internet ?	Wie ist das Passwort für das Internet?
Avez-vous un plan de la ville ?	Haben Sie einen Stadtplan?
Avez-vous un *sèche-cheveux / coffre-fort* ?	Haben Sie einen *Föhn / Safe*?
Nous voudrions *prolonger d'une nuit / rester encore une nuit*.	Wir möchten *um eine Nacht verlängern / noch eine Nacht bleiben*.
Je voudrais *régler la note / payer la facture*.	Ich möchte *auschecken / die Rechnung bezahlen*.
Non, je n'ai rien pris dans le mini-bar.	Nein, ich habe nichts aus der Minibar genommen.

Zum Frühstück wird in Frankreich ein Kaffee oder eine heiße Schokolade zusammen mit einem Croissant oder einem Stück Baguette (mit Butter und / oder Marmelade) gegessen. Orangensaft und Joghurt sind oft auch fester Bestandteil. Bei einem echt französischen Frühstück darf der *Café* in einer *bol* (Schale) nicht fehlen, in den man sein Croissant vor dem Verzehr tunkt.

Gut zu wissen!
Als Unterkunft sind die *Auberges de jeunesse* (Jugendherbergen) in Frankreich eine gute Lösung, wenn man jung ist und nicht so viel Geld hat. Wenn Sie eine ruhige und landestypische Unterkunft suchen, können Sie mit den *Gîtes de France* schöne Entdeckungen machen. Diese Organisation vermittelt in ganz Frankreich Ferienhäuser.

J

Freizeit

Ça m'intéresse
Das interessiert mich

J'adore regarder de vieux films.	Ich schaue sehr gern alte Filme.
Le plus souvent, je cuisine et j'aime essayer de nouvelles recettes.	Ich übernehme meistens das Kochen und probiere gern neue Rezepte aus.
J'aime sortir et retrouver mes amis au café.	Ich gehe einfach gern raus und treffe mich mit meinen Freunden im Café.
J'aime regarder des documentaires sur les voyages.	Ich schaue mir gern Reise-Dokus an.
Si je le peux, je ne manque jamais aucun épisode de ma série préférée.	Ich verpasse keine Folge meiner Lieblingssoap, wenn ich es irgendwie vermeiden kann.
J'aime écouter de la musique.	Ich höre gern Musik.
J'apprends seul(e) à jouer de la guitare.	Ich bringe mir das Gitarrespielen bei.
Je vais assez souvent sur les marchés aux puces.	Ich gehe ziemlich oft auf Flohmärkte.
Je suis *un grand bricoleur / une grande bricoleuse.*	Ich bin *ein großer Heimwerker / eine große Heimwerkerin.*
Je collectionne les flacons de parfum.	Ich sammele Parfümflakons.
J'ai un chien qui me pousse à sortir de chez moi.	Ich habe einen Hund, das hilft mir, aus dem Haus zu kommen.
Je passe beaucoup de temps *sur Twitter et Skype / sur Facebook.*	Ich verbringe viel Zeit *mit Twitter und Skype / auf Facebook.*

pousser quelqu'un à faire quelque chose = jemanden dazu treiben etwas zu tun

Je m'intéresse à tout ce qui touche aux jeux vidéo.	Ich interessiere mich für alles, was mit Computerspielen zu tun hat.	*s'intéresser à*
Nous saisissons toutes les opportunités de voyager.	Wir nehmen jede Gelegenheit wahr, zu verreisen.	
Je suis accro au Sudoku.	Ich bin süchtig nach Sudoku.	*Être accro à quelque chose* ist umgangssprachlich.
Je suis passionné(e) de jardinage.	Ich bin begeisterte(r) Hobbygärtner(in).	
Pour moi, c'est une très bonne façon de se détendre.	Dabei kann ich mich sehr gut entspannen.	
Je passe pas mal de temps devant la télévision.	Ich verbringe ziemlich viel Zeit vor dem Fernseher.	*pas mal de* (umgangssprachlich) = *assez de*
Marie travaille souvent *bénévolement / comme bénévole*.	Marie arbeitet ziemlich viel ehrenamtlich.	
Je suis *président / présidente* de notre association de tennis.	Ich bin *Vorsitzender / Vorsitzende* unseres Tennisvereins.	
Le peu de temps libre que j'ai, je veux le passer tranquillement.	In der wenigen Freizeit, die ich habe, möchte ich es ruhig angehen lassen.	
Je n'ai pas de loisirs en particulier.	Ich habe nichts, was ich als Hobby bezeichnen würde.	
Je ne m'intéresse pas à la politique.	Ich interessiere mich nicht für Politik.	
J'essaie de me tenir au courant.	Ich versuche auf dem Laufenden zu bleiben.	

Gut zu wissen!
Für das englische Wort „Hobby" gibt es auch französische Begriffe: *le passe-temps* oder *les loisirs* (letzteres steht immer im Plural). Damit sind generell Aktivitäten und Zeitvertreib während der Freizeit gemeint.
Das Verb *intéresser* lässt sich vielfältig verwenden:
• *Je m'intéresse à la géographie.* (Ich interessiere mich für Geografie.)
• *Les vieux films français m'intéressent beaucoup.* (Die alten französischen Filme interessieren mich sehr.)
• *La voile, ça m'intéresse !* (Segeln, das interessiert mich!)

J

Freizeit

38 Le sport,
c'est mon truc !
Sport ist
mein Ding

L'année dernière, j'ai commencé *le golf / les sports de combat*.	Ich habe letztes Jahr mit *Golf / Kampfsport* angefangen.
Auriez-vous envie de faire une partie de golf ?	Hätten Sie Lust auf eine Runde Golf?
Savez-vous où il y a un bon terrain de golf ?	Kennen Sie hier einen guten Golfplatz?
Je ne suis pas bon(ne) au *golf / football*.	Ich spiele nicht gut *Golf / Fußball*.
J'ai oublié mes affaires de sport.	Ich habe mein Sportzeug vergessen.
Je suis un(e) passionné(e) de sports aquatiques.	Ich bin begeisterte(r) Wassersportler(in).
Je fais *de la voile / de la planche à voile / du ski nautique / de la plongée sous-marine*.	Ich *segle / (wind)surfe / fahre Wasserski / mache Sporttauchen*.
Aujourd'hui, il y a une bonne brise constante, pas trop légère et pas trop forte.	Heute gibt es eine schöne stetige Brise, nicht zu leicht, nicht zu steif.
Est-ce que je peux emprunter un gilet de sauvetage ?	Kann ich eine Rettungsweste ausleihen?
Le bateau est-il complètement équipé ?	Ist das Boot voll ausgestattet?
On a émis un avis de tempête.	Es wurde eine Sturmwarnung ausgegeben.
Le plus souvent, pendant le week-end, nous faisons de la randonnée.	Wir gehen am Wochenende meistens wandern.

*avoir envie de faire
quelque chose* = Lust
haben etwas zu tun

Präpositionen
beachten:
- *(ne pas) être
  bon(ne) à / en
  quelque chose*
- *être mauvais en
  quelque chose*

*faire du / de la /
des* + sportliche
Aktivität oder
jouer au / à la / aux +
sportliche Aktivität

Il y a un chemin de randonnée le long du littoral.	Es gibt einen Wanderweg entlang der Küste.
Il n'y a pas de chemin de randonnée balisé.	Es gibt keine markierten Wanderwege.
Où est-ce que je peux trouver un(e) guide de montagne ?	Wo finde ich eine(n) Bergführer(in)?
C'est très *escarpé / abrupt* ?	Ist es sehr steil?
Allez-vous souvent à la salle de fitness ?	Gehen Sie oft ins Fitnessstudio?
J'essaie de m'entraîner trois fois par semaine.	Ich versuche, drei Mal die Woche zu trainieren.
Je vais régulièrement au Pilates.	Ich gehe regelmäßig ins Pilates.
J'adore la Zumba.	Ich stehe total auf Zumba.
J'aime la danse.	Ich tanze gern.
Je fais du jogging. / Je cours.	Ich gehe joggen.
Je fais *de l'athlétisme / de la marche nordique.*	Ich mache *Leichtathletik / Nordic-Walking*.
Je fais du roller.	Ich gehe Inlineskaten.
Je cours le marathon.	Ich laufe Marathon.
En hiver, je fais du *ski / ski de fond*.	Im Winter gehe ich *skifahren / langlaufen*.
Je fais *du patin à glace / de la luge / du curling.*	Ich gehe *Schlittschuh laufen / rodeln / Eisstockschießen*.

Anstelle von *faire du ski* kann man auch das Verb *skier* (*je skie*) benutzen.

Gut zu wissen!
Für das simple Wort „Schläger" gibt es vielfältige Übersetzungen. Beim Tennis, Badminton, Tischtennis sowie Squash sagt man *une raquette*, beim Hockey wiederum *une crosse* oder *une canne* und beim Golf *un club*. Bei „Platz" ist es ähnlich verwirrend: ein Golfplatz bzw. ein Fußballplatz ist *un terrain de golf / de football* und ein Tennisplatz ist *un court de tennis*.

39 Art et culture
Kunst und Kultur

Vorsicht: *le musée*	À quelle heure *ouvre / ferme* le musée ?	Wann *öffnet / schließt* das Museum?

Vorsicht: *le musée*

avoir lieu = stattfinden

À quelle heure *ouvre / ferme* le musée ?	Wann *öffnet / schließt* das Museum?
Quand a lieu la prochaine visite guidée ?	Wann ist die nächste Führung?
Avez-vous un audioguide en allemand ?	Haben Sie einen deutschsprachigen Audio-Führer?
Est-ce qu'on peut prendre des photos ?	Ist es erlaubt zu fotografieren?
L'exposition temporaire ouvre demain.	Die Sonderausstellung eröffnet morgen.
Combien coûte le catalogue ?	Was kostet der Katalog?
Est-ce que je peux entrer avec mon sac ?	Kann ich meine Tasche mit reinnehmen?
À quel étage se trouvent les peintures de Renoir ?	In welchem Stock sind die Gemälde von Renoir?
Ne pas toucher.	Nicht berühren.
J'aime les *paysages / natures mortes / autoportraits.*	Ich mag die *Landschaften / Stillleben / Selbstporträts.*
Je n'ai pas beaucoup de considération pour l'art moderne.	Ich habe nicht viel übrig für moderne Kunst.
Faisons une pause et allons au café.	Lasst uns Pause machen und ins Café gehen.
Voudriez-vous aller *à l'opéra / au théâtre / à un concert,* ce soir.	Möchten Sie heute Abend *in die Oper / ins Theater / in ein Konzert* gehen?
Les billets d'entrée sont réservés à mon nom.	Die Eintrittskarten sind auf meinen Namen reserviert.

Die Stockwerke:
le sous-sol [-1]
le rez-de-chaussée [0]
le premier étage [1]
le deuxième étage [2]
…
le dernier étage [letzter Stock]

Je vous retrouve au foyer.	Ich treffe Sie im Foyer.
Est-ce qu'il y a encore des billets ?	Gibt es noch Karten?
Dans quel rang sommes-nous ?	In welcher Reihe sind wir?
Excusez-moi, je crois que vous êtes assis(e) à ma place.	Entschuldigung, ich glaube, Sie sitzen auf meinem Platz.
Qu'est-ce qu'on joue ?	Was *spielen sie / führen sie auf*?
Quand commence la représentation ?	Wann beginnt die Aufführung?
Est-ce qu'il y a *une pause / un entracte* ?	Gibt es eine Pause?
C'est la première.	Es ist die Premiere.
Il / Elle a eu de bonnes critiques.	*Er / Sie* hat sehr gute Kritiken bekommen.
Qui dirige la mise en scène ?	Wer führt Regie?
Qui dirige ?	Wer dirigiert?
Les acteurs étaient fantastiques.	Die Darsteller waren fantastisch.
Avez-vous pu suivre l'action ?	Konnten Sie der Handlung folgen?
Qui a écrit cette pièce ?	Wer hat das Stück geschrieben?
L'acoustique était excellente.	Die Akustik war großartig.
Il y a eu deux rappels.	Es gab zwei *Vorhänge / Zugaben*.

In Frankreich gibt es viele Arten der Ermäßigung für Konzerte, Museen oder Kino, z. B. *ticket de dernière minute*, Sonderabos, eintrittsfreie Tage etc. Informieren Sie sich im Internet oder beim Fremdenverkehrsamt.

Gut zu wissen!

Zu den weltweit bekannten Kultur-Festivals in Frankreich gehören *La Biennale de la Danse* von Lyon (alle zwei Jahre im September), das *Festival international d'art lyrique d'Aix-en-Provence* (Festival klassischer Musik im Juli), das *Festival d'Avignon* (Theater-Festival im Juli), die *Chorégies d'Orange* (Opernfestival im August) sowie das Fotografie-Festival *Visa pour l'Image* in Perpignan (Anfang September). Jazz-Freunde kommen im Juli / August beim *JIM (Jazz in Marciac)* auf ihre Kosten.

J

Freizeit

40 Culture pop
   Popkultur

je ne suis pas très cinéma / musée … = ich gehe nicht so gern ins Kino / Museum …

Tu aurais envie d'aller au cinéma ?	Hättest du Lust ins Kino zu gehen?
On pourrait aller voir le dernier James Bond.	Wir könnten den neuen James-Bond-Film anschauen.
Je ne suis pas très cinéma.	Ich gehe nicht so gern ins Kino.
Qu'est-ce qu'il y a au cinéma ?	Was läuft im Kino?
Les séances sont à 18h30, 20h30 et 22h30.	Vorführungen sind um 18.30, 20.30 und 22.30 Uhr.
Il y a une dernière séance.	Es gibt eine Spätvorstellung.
Le film *vient de sortir / n'est pas encore sorti.*	Der Film *läuft gerade an / ist noch nicht angelaufen.*
Les critiques sont toutes très positives.	Die Kritiken sind alle sehr positiv.
Qu'est-ce qu'il y a à la télé ?	Was läuft im Fernsehen?
Ce film ne m'a pas autant plu que le précédent.	Dieser Film hat mir nicht so gut gefallen wie der vorige.
… est ma série préférée. J'ai toutes les saisons en DVD.	… ist meine Lieblingsserie. Ich habe alle Staffeln auf DVD.
Les effets spéciaux sont fabuleux.	Die Spezialeffekte sind fabelhaft.
Les prises de vues sont sensationnelles.	Die Aufnahmen sind überwältigend.
Le film a été nominé pour deux Oscars.	Der Film wurde für zwei Oscars nominiert.

Tu connais le nouveau *roman policier / polar* de…	Kennst du schon den neuesten Krimi von …	*Un polar* (umgangssprachlich) kann nicht nur ein Buch, sondern auch ein Film sein.
J'ai hâte de lire le prochain volume de …	Ich warte schon sehnsüchtig auf den nächsten Band von …	
Je suis un fan de bandes-dessinées françaises.	Ich bin ein Fan von französischen Comics.	*BD = bande-dessinée*
Le graphisme du nouveau jeu de … est incroyable !	Das neueste Game von … hat eine unglaubliche Grafik.	
Tu connais déjà la nouvelle application de messagerie ?	Kennst du schon die neueste Nachrichten-App?	
Est-ce que tu as envie d'aller au concert au Pacha-Club ?	Hättest du Lust, auf den Gig im Pacha-Club zu gehen?	
Vous voulez *aller / sortir* en boîte ?	Wollen wir clubben gehen?	
La boîte a des super DJs.	Die Location hat erstklassige DJs.	*Super* ist unveränderlich.
Le titre / Le single a atteint la deuxième place dans le classement.	Die Single hat es auf Platz zwei in den Charts geschafft.	
C'est le premier album du groupe.	Es ist das Debütalbum der Band.	
Leur dernier single était un *méga-succès / vrai tube.*	Ihre letzte Single war ein Megaerfolg.	
Cet été, ils sont en tournée en Allemagne.	Sie sind diesen Sommer auf Tournee in Deutschland.	
Le concert était *génial / nul.*	Es war ein *großartiges / ganz mieses* Konzert.	

Gut zu wissen!
Mitte der 90er-Jahre wurde in Frankreich per Gesetz eine Quote für französische Songs im Radio eingeführt. Die Radiosender sind seither verpflichtet, einen bestimmten Anteil Ihrer Sendezeit französischen Interpreten und vor allem auch Newcomern zu widmen. Dieses Gesetz hat wohl den Erfolg einiger bekannter Interpreten wie Alizée, Daft Punk, MC Solaar oder Manu Chao gefördert.

Urlaub und
Reise

41 Projets de vacances
et récits de voyages
Urlaubspläne und
Reiseberichte

die Ferien (Schule) =
*les vacances
(scolaires)*
der Urlaub (Beruf) =
le congé

La boîte ist umgangs-
sprachlich.

Avez-vous des projets de voyage ?	Haben Sie Reisepläne?
Quand prends-tu tes vacances cette année ?	Wann nimmst du dieses Jahr deinen Urlaub?
J'ai encore des congés, alors je *prends / pose* mercredi et jeudi.	Ich habe noch Urlaub(stage) übrig, also nehme ich mir Mittwoch und Donnerstag frei.
L'entreprise / La boîte ferme entre Noël et Nouvel An.	Die Firma schließt zwischen Weihnachten und Neujahr.
Jeudi, c'est férié, alors je pose vendredi pour faire le pont et comme ça, j'aurai un long week-end.	Der Donnerstag ist (ein) Feiertag, also nehme ich mir Freitag als Brückentag und mache daraus ein langes Wochenende.
Nous partons quelques jours.	Wir fahren für ein paar Tage weg.
Nous essayons d'éviter de partir pendant les vacances scolaires.	Wir versuchen es zu vermeiden, in den Schulferien zu verreisen.
Nous avons des enfants, alors nous sommes coincés par les vacances scolaires.	Wir haben Kinder, also sind wir an die Schulferien gebunden.
Bon voyage.	Gute Reise.
Bonnes vacances.	Schönen Urlaub.
Nous nous verrons quand vous serez *rentré(e)s / de retour*.	Wir sehen uns, wenn ihr wieder da seid.
Comment se sont passé tes vacances ?	Wie war dein Urlaub?
Où es-tu parti(e) ?	Wo warst du?

Où avez-vous logé ?	Wo habt ihr gewohnt?
Combien de temps êtes-vous parti(e)s ?	Wie lange waren Sie verreist?
Nous sommes parti(e)s sur l'Île de la Réunion en avion.	Wir sind nach La Réunion geflogen.
Nous avons loué un appartement pour les vacances.	Wir haben eine Ferienwohnung gemietet.
Nous avons dormi dans *un gîte / un hôtel / une pension*.	Wir haben in *einer Privatunterkunft / einem Hotel / einer Pension* gewohnt.
Nous avons loué un camping-car et nous nous sommes baladé(e)s pendant deux semaines.	Wir haben ein Wohnmobil gemietet und sind zwei Wochen herumgereist.
Nous avons pris une maison avec des amis.	Wir haben mit Freunden zusammen ein Haus genommen.
Nous avons réservé un voyage organisé.	Wir haben eine Pauschalreise gebucht.
Nous avons fait une croisière.	Wir haben eine Kreuzfahrt gemacht.
Nous sommes parti(e)s en vacances en Amérique du Sud avec le sac à dos.	Wir haben Rucksackferien in Südamerika gemacht.
Le logement était couci-couça mais la plage était sur le pas de la porte.	Die Unterkunft war so lala, aber der Strand war vor der Haustür.
Nous avons simplement fainéanté sur la plage.	Wir haben einfach am Strand gefaulenzt.

Die *gîtes* sind eine tolle Möglichkeit in authentischen Unterkünften zu verweilen und dabei Anschluss an die örtliche Bevölkerung zu bekommen.

Gut zu wissen!
Wenn man im Deutschen vom Urlaub erzählt, verwendet man häufig das Perfekt (z. B. wir sind geflogen, wir haben übernachtet). Im Französischen verwendet man für Urlaubsberichte das Passé composé für abgeschlossene Handlungen (*nous sommes arrivés, nous avons dormi…*) und das Imparfait für Beschreibungen (*il faisait beau, j'avais des lunettes de soleil…*).

42 En route
Unterwegs

J'aimerais une place côté *fenêtre / couloir*.	Ich hätte gern einen Platz am *Fenster / Gang*.
Puis-je *prendre / emporter* cela comme bagage à main ?	Darf ich das als Handgepäck mit an Bord nehmen?
Je voudrais *modifier la réservation de / confirmer* mon vol.	Ich möchte meinen Flug *umbuchen / bestätigen*.
Il y avait un *embouteillage / bouchon* sur la route de l'aéroport et j'ai raté mon vol.	Es gab Stau auf dem Weg zum Flughafen und ich habe meinen Flug verpasst.
Le vol est retardé et je ne sais pas si j'aurai encore une correspondance.	Der Flug ist verspätet und ich weiß nicht, ob ich meinen Anschlussflug noch bekomme.
Le vol a été annulé.	Der Flug ist annulliert worden.
J'ai peur que vous soyez assis(e) à ma place. J'ai la 6B.	Ich fürchte, Sie sitzen auf meinem Platz. Ich habe 6B.
Cela ne fait rien, je vais m'asseoir ici à la place.	Macht nichts, ich setzte mich stattdessen hierher.
Est-ce que la voiture a un GPS ?	Hat das Auto (ein) Navi?
La voiture est une diesel ou une essence ?	Ist das Auto ein Diesel oder ein Benziner?
Pourriez-vous me dire comment aller à Bordeaux ?	Können Sie mir sagen, wie ich nach Bordeaux komme?
Je me suis trompé(e) de chemin.	Ich habe mich verfahren.
Où pouvons-nous garer la voiture gratuitement ?	Wo können wir kostenlos parken?

Viele Tankstellen sind in Frankreich zwar rund um die Uhr geöffnet, aber ab ca. 20 Uhr muss man am Automaten mit Kreditkarte zahlen.

Peut-on laisser la voiture ici sans crainte ?	Kann man hier sein Auto unbesorgt abstellen?
Je suis tombé(e) en panne.	Ich habe eine Panne.
Pouvez-vous appeler le service de dépannage ?	Können Sie den Pannen-dienst rufen?
Nous sommes dans un *bouchon / embouteillage*.	Wir stehen im Stau.
La rue est fermée et il y a une déviation.	Die Straße ist gesperrt und es gibt eine Umleitung.
Un *aller simple / aller-retour* pour Grenoble, s'il vous plaît.	Eine *Einzelfahrkarte / Hin- und Rückfahrkarte* nach Grenoble, bitte.
Quel est le billet le plus avantageux ?	Welche ist die günstigste Karte?
De quel quai part le train pour Montpellier ?	Von welchem Bahnsteig geht der Zug nach Montpellier?
Le billet est-il valable sur tout le réseau ?	Gilt die Fahrkarte im gesamten Netzbereich?
Je ne m'en sors pas avec le distributeur de tickets. Pouvez-vous m'aider ?	Ich komme mit dem Fahr-kartenautomaten nicht zurecht. Können Sie mir helfen?
Est-ce que je dois changer pour aller au Louvre ?	Muss ich umsteigen, um zum Louvre zu kommen?
Est-ce que ce train s'arrête à Orléans ?	Hält dieser Zug in Orléans?
Est-ce que ce bus va à Argenteuil ?	Fährt dieser Bus nach Argenteuil?
Pouvez-vous me dire où je dois descendre ?	Können Sie mir sagen, wo ich aussteigen muss?

Achtung: Bustickets in Paris kosten im Bus selbst mehr, als an Bahnhöfen oder Métro-Stationen.

Gut zu wissen!
Bevor Sie in Frankreich in den Zug einsteigen, müssen Sie das Ticket an den gelben Automaten am Gleis entwerten: *composter / valider le billet*. Je nach Transport-mittel unterscheiden sich auch die Bezeichnungen für den Fahrschein: bei Zug und Flugzeug = *le billet de train / d'avion*; bei der U-Bahn = *le ticket de métro*

43 Visites et excursions
Ausflüge und Besichtigungen

Viele nützliche
Sätze zum Thema
Unternehmungen
gibt es auch in
Kapitel 33.

Randonnée meint
Ausflug im Sinne
von Wanderung.

Nous sommes ici pour quelques jours…	Wir sind ein paar Tage hier …
… et nous voulons faire du tourisme.	… und wollen uns ein paar Sehenswürdigkeiten anschauen.
… et nous voudrions voir *la ville / les alentours / la région.*	… und möchten die *Stadt / Umgebung / Region* sehen.
Qu'est-ce qu'il y a à voir et à faire dans la région ?	Was gibt es hier in der Gegend zu sehen und zu tun?
Pourriez-vous *suggérer / recommander* quelque chose ?	Können Sie etwas *vorschlagen / empfehlen?*
Est-ce qu'il y a quelque chose de particulièrement intéressant, là-bas ?	Gibt es etwas besonders Interessantes dort?
Quelles *excursions / randonnées* pourrions-nous faire ?	Welche Ausflüge können wir unternehmen?
Nous ne sommes pas des fanatiques de culture.	Wir sind keine Kulturfanatiker.
Tous ces machins historiques et ces attractions traditionnelles, ce n'est pas notre truc.	Wir haben es nicht so mit historischem Zeug und traditionellen Sehenswürdigkeiten.
Nous cherchons quelque chose qui sorte un peu de l'ordinaire.	Wir suchen ein bisschen 'was Besonderes.
Nous pourrions faire une visite guidée ?	Können wir eine Führung mitmachen?
Avez-vous *des prospectus / un guide* en allemand ?	Haben Sie *Prospekte / einen Führer* auf Deutsch?

Quelles sont les horaires d'ouverture ?	Wie sind die Öffnungszeiten?
Quand a lieu la prochaine visite guidée ?	Wann ist die nächste Führung?
C'est loin ?	Ist es weit (entfernt)?
Combien de temps dure la visite guidée en bus ?	Wie lange dauert die Busrundfahrt?
Combien ça coûte ?	Wie viel kostet es?
À combien est l'entrée ?	Was kostet der Eintritt?
Est-ce qu'il y a des réductions pour les *enfants / étudiants / séniors* ?	Gibt es Ermäßigungen für *Kinder / Studenten / Senioren*?
Il y a…	Es gibt dort …
… une *cathédrale / vieille ville* célèbre.	… eine berühmte *Kathedrale / Altstadt*.
… un *château / monument* connu.	… ein bekanntes *Schloss / Denkmal*.
En ce moment, il y a un festival.	Zurzeit findet dort ein Festival statt.
Il y a *une réserve naturelle / un parc national*.	Es gibt dort *ein Naturschutzgebiet / einen Nationalpark*.
Il y a des excursions en bateau *le long du canal / sur l'île / aux alentours du port*.	Es gibt Bootsausflüge *entlang dem Kanal / zur Insel hinaus / rund um den Hafen*.
On peut marcher sur l'île à marée basse.	Man kann bei Ebbe zur Insel laufen.

Gut zu wissen!
Frankreich ist eines der abwechslungsreichsten Urlaubsländer Europas. Hier findet jeder „seinen" Urlaub: Von Camping bis hin zu traumhaften Schlosshotels, vom Strand- bis hin zum Skiurlaub oder von Kultur- bis hin zu Sportreisen. Über 11.000 Campingplätze, die beeindruckenden Schlösser der Loire, 5.500 Kilometer Küste, modernste Skigebiete, wunderschöne Altstädte und Kulturzentren sowie kilometerlange Fahrrad- und Wanderwege warten darauf, entdeckt zu werden.

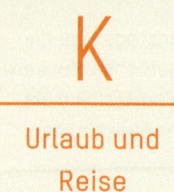

K

Urlaub und Reise

44 Bien-être et détente
Wellness und Erholung

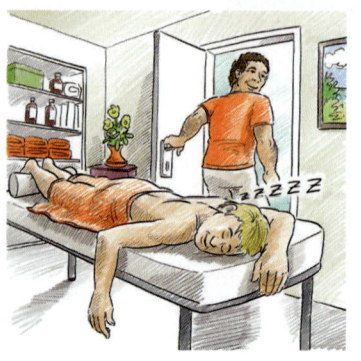

Est-ce qu'il y a *un centre de bien-être / un sauna / un hammam / une cabine à infrarouge* dans l'hôtel ?	Hat das Hotel *ein Wellness-Zentrum / eine Sauna / ein Dampfbad / eine Infrarotkabine*?
Avez-vous une salle de *yoga / méditation* ?	Haben Sie einen *Yoga- / Meditations*raum?
Quels *massages / soins cosmétiques* proposez-vous ?	Welche *Massagen / Kosmetikanwendungen* bieten Sie an?
Proposez-vous des massages *ayurvédiques / par pression / médicaux* ?	Bieten Sie *Ayurveda- / Akupressur- / medizinische* Massagen an?
L'espace bien-être comprend un bassin extérieur chauffé et un bain à remous.	Der Wellnessbereich umfasst ein Schwimmbad mit beheiztem Außenbecken sowie einen Whirlpool.
Les peignoirs et les sandales de bain sont-ils fournis (gratuitement) ?	Werden Bademäntel und Badesandalen (kostenlos) zur Verfügung gestellt?
Est-ce que je dois apporter une serviette ?	Muss ich ein Handtuch mitbringen?
À quelle heure ouvre *le sauna / l'espace bien-être / la piscine* ?	Wann hat *die Sauna / der Wellnessbereich / der Pool* geöffnet?
Est-ce que je dois prendre un rendez-vous ?	Muss ich einen Termin vereinbaren?
J'aimerais…	Ich hätte gern …
… une *pédicure / manucure*.	… eine *Pediküre / Maniküre*.

... un enveloppement de boue minérale.	... eine Fangopackung.
... un soin anti-âge pour le visage.	... eine Anti-Aging-Gesichtsbehandlung.
... un peeling pour tout le corps.	... ein Ganzkörper-Peeling.
Je voudrais réserver un programme détoxifiant.	Ich möchte gern ein Entgiftungsprogramm buchen.
J'ai un rendez-vous pour un massage.	Ich habe einen Termin für eine Massage.
J'ai un rendez-vous à 11h30 pour une séance *d'aromathérapie / de réflexologie*.	Ich habe um 11.30 Uhr einen Termin für eine *Aromatherapie / Fußreflexzonenmassage*.
J'ai un bon pour un bain d'algues de mer.	Ich habe einen Gutschein für ein Meeresalgenbad.
Avez-vous des produits de soin pour la peau pour les personnes allergiques ?	Haben Sie Hautpflegeprodukte für Allergiker?
Y a-t-il aussi un sauna pour *dames / femmes* ?	Gibt es auch eine Damensauna?
Soyez prudent(e), s'il vous plaît, avec mon pied gauche.	Seien Sie bitte vorsichtig mit meinem linken Fuß.
J'ai des *contractions musculaires dans le dos / douleurs dans l'épaule droite*.	Ich habe *Muskelverspannungen im Rücken / Schmerzen in der rechten Schulter*.
Après le yoga je me sens toujours en super forme.	Nach dem Yoga geht es mir immer super.
Pour moi, un bon massage est le meilleur moyen de se détendre.	Am besten entspanne ich bei einer guten Massage.

Erkundigen Sie sich im Ausland am besten im Voraus nach den Saunaregeln, um Fettnäpfchen zu vermeiden.

> **Gut zu wissen!**
> Die Deutschen und die Franzosen pflegen einen ganz unterschiedlichen Umgang mit Nacktheit in der Sauna: In Deutschland ist das normal und oft obligatorisch. In Frankreich dagegen sollte (mindestens) der Schambereich bedeckt sein. Seien Sie also nicht überrascht, wenn in Frankreich in der Sauna Badekleidung getragen wird.

L

Am Telefon

Auch die angerufene Person meldet sich mit *Allô ?*

Allô ? Bonjour, c'est Martina d'Allemagne à l'appareil.	Hallo, hier spricht Martina aus Deutschland.
Ça fait plaisir de t'entendre.	Schön, wieder von dir zu hören.
Quelle bonne surprise !	Das ist aber eine schöne Überraschung.
Ça fait longtemps.	Das ist ja lange her.
Ça fait longtemps que je n'ai pas eu de tes nouvelles.	Ich habe eine ganze Weile nichts von dir gehört.
Alors, comment ça va ?	Nun, wie geht's denn so?
Je t'appelle parce que…	Ich rufe dich an, weil …
Je prévois de passer (*par la France / par le Canada*).	Ich plane (*in Frankreich / in Kanada*) vorbeizukommen.
J'aimerais *te rendre visite / venir te voir*.	Ich würde dich gerne besuchen.
Je voulais simplement te dire bonjour.	Ich wollte einfach hallo sagen.
J'ai presque mauvaise conscience de ne pas avoir repris contact avec toi.	Ich habe fast ein schlechtes Gewissen, weil ich mich nicht gemeldet habe.
Pas de problème.	Kein Problem.
Salut, c'est moi.	Hallo, ich bin's.
Tu as un moment ?	Hast du einen Moment?
J'espère que je ne te dérange pas.	Ich hoffe, ich störe dich nicht.
J'espère que vous n'êtes pas en train de manger.	Ich hoffe, ihr seid nicht gerade beim Essen.

Vorsicht:
rendre visite à quelqu'un = jemanden besuchen
venir voir quelqu'un = jemanden besuchen
Aber:
visiter quelque chose = etwas besichtigen

Être en train de + Infinitiv drückt aus, dass gerade etwas passiert oder man gerade dabei ist, etwas zu tun.

Est-ce que Michèle est là ? Est-ce que je pourrais lui parler quelques minutes ?	Ist Michèle da? Kann ich kurz mit ihr sprechen?
Je suis désolé(e), elle vient juste de sortir. Mais tu peux la joindre sur son portable.	Tut mir leid, sie ist gerade gegangen. Aber du erreichst sie auf ihrem Handy.
Peux-tu lui demander de me rappeler ?	Kannst du sie bitten, mich zurückzurufen?
Pour le moment, ce n'est pas possible. Est-ce que je peux rappeler ?	Es passt im Moment nicht so gut. Kann ich zurückrufen?
Je peux appeler jusqu'à quelle heure ?	Bis wann kann ich anrufen?
Je suis à la maison. Peux-tu m'appeler sur le téléphone fixe ? Tu as le numéro ?	Ich bin zu Hause. Kannst du mich auf dem Festnetz anrufen? Hast du die Nummer?
J'ai un nouveau numéro de portable.	Ich habe eine neue Handynummer.
Ma batterie est presque *vide / déchargée*.	Mein Akku geht zu Ende.
Le signal n'est pas très bon.	Ich habe kein sehr gutes Signal.
Je suis désolé(e), ça a coupé.	Tut mir leid, du warst auf einmal weg.
Je ne t'entends pas bien.	Ich höre dich nicht gut.
Je t'entends bien. Tu m'entends ?	Ich höre dich gut. Kannst du mich hören?
Je raccroche et je te rappelle.	Ich lege auf und rufe noch einmal an.

le (téléphone) portable = Handy
le téléphone fixe = Festnetz

Gut zu wissen!
Auch im Französischen hat die Internet-Telefonie mit Skype™ den entsprechenden Wortschatz geprägt: „skypen" heißt auf Französisch *skyper*. Mit Freunden verabreden Sie sich folgendermaßen (via SMS oder Chat) zum „Skypen": *On se skype ce soir ?* (Skypen wir heute Abend?) oder *Skype-moi, mon pseudo est Hueby85737*. (Skype mit mir, mein Skype-Name ist Hueby 85737.)

L

Am Telefon

In Frankreich ist es nicht üblich, dass sich die Angestellten einer Firma nur mit dem Nachnamen melden. Es wird sogar als unhöflich empfunden.

46 Appels professionnels
Geschäftliche Telefonate

JPM Communication, bonjour. Que puis-je faire pour vous ?	Guten Tag, JPM Communication. Wie kann ich Ihnen helfen?
Télécom FR. Marie Lecourtois à l'appareil.	Télécom FR. Marie Lecourtois am Apparat.
Ici Bernd Meyer, j'appelle de Hambourg.	Hier spricht Bernd Meyer, ich rufe aus Hamburg an.
Ici Paul Martin de l'entreprise TCM. Comment allez-vous ?	Hier ist Paul Martin von der Firma TCM. Wie geht's?
Pourrais-je / Je souhaiterais parler à Caroline Millet.	*Kann ich bitte / Ich würde gern* mit Caroline Millet sprechen.
Je vous la passe.	Ich stelle Sie durch.
Martin est là ? – Un instant, je vais le chercher.	Ist Martin da? – Einen Augenblick, ich hole ihn.
Vous m'avez été recommandé(e) par une collègue.	Ihren Namen habe ich von einer Kollegin.
Votre entreprise m'a été recommandée.	Ihr Unternehmen ist mir empfohlen worden.
Nous nous sommes rencontrés à la foire de Munich.	Wir haben uns auf der Messe in München kennengelernt.
Que puis-je faire pour vous ?	Was kann ich für Sie tun?
Puis-je vous demander de quoi il s'agit ?	Darf ich fragen, worum es geht?
Je vous appelle à propos de votre dernière commande.	Ich rufe wegen Ihrer letzten Bestellung an.
J'essaie de régler le problème avec le dernier paiement.	Ich versuche, das Problem mit der letzten Zahlung in Ordnung zu bringen.

Je voudrais *prendre un rendez-vous / organiser une rencontre.*	Ich möchte *einen Termin / ein Treffen* vereinbaren.
Êtes-vous ♂ le / ♀ la responsable ?	Sind Sie dafür zuständig?
Restez en ligne, je peux trouver quelqu'un qui pourra vous aider.	Wenn Sie einen Moment dranbleiben, finde ich jemanden, der Ihnen helfen kann.
Je vous donne mon numéro. L'indicatif du pays est 0033, l'indicatif est 757 et mon numéro est…	Ich gebe Ihnen meine Nummer. Die Ländervorwahl ist 0033, die Vorwahl 757 und meine Nummer ist …
Malheureusement, je n'ai pas tout *compris / entendu.*	Das habe ich leider nicht ganz mitbekommen.
Malheureusement, la communication a été coupée.	Die Verbindung wurde leider unterbrochen.
Veuillez m'excuser pour le retard.	Bitte entschuldigen Sie die Verzögerung.
Veuillez rester en ligne. L'un de nos conseillers en clientèle va prendre votre appel.	Bitte bleiben Sie am Apparat. Einer unserer Kundenberater wird Ihren Anruf gleich entgegennehmen.
Malheureusement, j'ai un empêchement. Je dois *repousser / annuler* notre rendez-vous.	Es ist leider etwas dazwischen gekommen. Ich muss unseren Termin *verschieben / absagen.*
Une autre réunion a été annulée. Nous pouvons donc avancer notre entrevue.	Eine andere Sitzung fällt aus, sodass wir unser Treffen vorziehen können.

Viele weitere nützliche Sätze um sicherzugehen, ob man alles verstanden hat, finden Sie in Kapitel 7. Und wenn's mal an der Verbindung hapert, werfen Sie einen Blick auf die Seite 95 im vorangegangenen Kapitel.

Man verwendet *une entrevue,* wenn nur wenige Leute bei dem Treffen anwesend sind.

Gut zu wissen!
Wenn Sie mit französischen Geschäftspartnern telefonieren, denken Sie daran, dass Small Talk – unter einander bereits bekannten Personen – ein wichtiger Schritt ist, bevor man auf das Geschäftliche zu sprechen kommt. Dazu eignen sich beispielsweise Wendungen aus den Kapiteln 2 und 10.

L

Am Telefon

Im gesprochenen Französisch zeugt die Inversionsfrage (Umstellung von Subjekt und Verb, z. B. *puis-je*) von einer gepflegten Ausdrucksweise.

47 Laisser un message
Eine Nachricht hinterlassen

Malheureusement, Madame Dupuis n'est pas disponible. Elle est…	Frau Dupuis ist leider nicht erreichbar. Sie ist …
… en réunion / en voyage d'affaire / occupée.	*… in einer Sitzung / auf Geschäftsreise / beschäftigt.*
… en pause-déjeuner / absente / dehors.	*… in der Mittagspause / nicht im Büro / außer Haus.*
Puis-je prendre un message ?	Kann ich etwas ausrichten?
Voulez-vous laisser un message ?	Wollen Sie eine Nachricht hinterlassen?
Doit-elle rappeler ?	Soll sie zurückrufen?
Oui, s'il vous plait. Ce serait *aimable / gentil.*	Ja, bitte. Das wäre nett.
J'essaierai de rappeler plus tard.	Ich versuche es später noch einmal.
Je serai un peu difficile à joindre.	Ich werde etwas schwer zu erreichen sein.
J'ai (maintenant) une série de réunions.	Ich habe (jetzt) eine Reihe von Sitzungen.
À quelle heure revient-elle ?	Um wie viel Uhr ist sie wieder da?
Vous pourriez peut-être essayer dans une demi-heure.	Sie könnten es vielleicht in einer halben Stunde versuchen.
Malheureusement, je ne sais pas quand elle revient.	Ich weiß leider nicht, wann sie wieder da sein wird.
Pourriez-vous simplement lui dire que j'ai appelé ?	Könnten Sie ihm einfach ausrichten, **dass ich angerufen habe.**

Pourriez-vous lui demander de prendre contact avec moi ?	Würden Sie ihn bitten, sich bei mir zu melden?
A-t-il votre numéro ?	Hat er Ihre Nummer?
Est-ce le numéro qui s'affiche sur mon écran ?	Ist es die Nummer hier auf meinem Display?
Un instant, je prends de quoi écrire.	Einen Moment, ich muss etwas zum Schreiben holen.
C'est bon, je vous écoute.	Gut, bitte fahren Sie fort.
Excusez-moi, c'était le 9609 ?	Entschuldigung, war das 9609?
Excusez-moi, vous avez dit B comme Bravo.	Entschuldigung, sagten Sie B wie Berta?
Puis-je répéter rapidement ?	Kann ich das kurz wiederholen?
Vous êtes bien sur la messagerie de Rebecca. Je suis en voyage jusqu'au 27 mai.	Hier ist Rebeccas Sprachbox. Ich bin bis 27. Mai verreist.
C'est un message de Mickaël Perrier pour Sandra Loiseau. Peut-elle lire ses e-mails et se mettre en contact avec moi ?	Das ist eine Nachricht von Mickaël Perrier für Sandra Loiseau. Kann sie bitte ihre E-Mails ansehen und sich mit mir in Verbindung setzen?
Je vous donne à nouveau mon numéro, au cas où : ...	Hier für alle Fälle noch einmal meine Nummer: ...
Salut Mike, c'est Lisa. Je serai là jusqu'à 19h00 environ.	Hallo Mike, hier ist Lisa. Ich bin bis etwa 19.00 Uhr hier.

Zum Buchstabieren siehe auch die hintere Umschlaginnenseite.

Nicht vergessen: Zur Angabe des Datums werden im Französischen die Grundzahlen verwendet (außer beim Monatsersten).

Gut zu wissen!
Telefonnummern gibt man in der Regel als Doppelziffern an: 04 32 75 26 43 = *zéro quatre   trente-deux soixante-quinze   vingt-six   quarante-trois.*
Zur Erinnerung: Nur bis 69 werden die Grundzahlen regelmäßig gebildet. Die Zehnerzahlen 70, 80 und 90 werden aus den bereits vorhandenen gebildet:
70 *soixante-dix* / 71 *soixante et onze* / 72 *soixante-douze* ...
80 *quatre-vingts* / 81 *quatre-vingt-un* / 82 *quatre vingt-deux* ...
90 *quatre-vingt-dix* / 91 *quatre-vingt-onze* ...

48 Réserver et commander
Reservieren und bestellen

Nützliche Sätze
für den Besuch im
Restaurant stehen
in Kapitel 34.

Achten Sie auf
die Präposition:
À quel nom ?
Nous avons une
réservation au
nom de Moulin.

Je voudrais réserver une table.	Ich möchte einen Tisch reservieren.
Une table pour quatre personnes à 19h30.	Ein Tisch für vier Personen um 19.30 Uhr.
À quel nom, s'il vous plaît ?	Auf welchen Namen bitte?
Malheureusement, nous sommes complets.	Wir sind leider ausgebucht.
Au plus tôt, je peux vous proposer 21h00.	Das Früheste, was ich anbieten kann, ist 21.00 Uhr.
Il n'y a vraiment plus rien de libre ?	Ist wirklich gar nichts mehr frei?
Je voudrais commander à manger.	Ich möchte etwas zum Essen bestellen?
Deux pizzas salami, s'il vous plaît.	Zwei Pizza Salami bitte.
Le numéro 37 et le 69, s'il vous plaît.	Die Nummer 37 und die 69, bitte.
Livrez le repas au 54, rue Jeanne d'Arc, chez Meyer, s'il vous plaît.	Bitte liefern Sie das Essen in die Rue Jeanne d'Arc 54 zu Meyer.
Pouvez-vous me donner votre numéro de portable ?	Kann ich bitte Ihre Handynummer haben?
Nous vous livrons dans 40 minutes. Paiement à la livraison.	Wir liefern in circa 40 Minuten. Bezahlung bei Lieferung.
J'aimerais commander un taxi, s'il vous plaît.	Ich möchte ein Taxi bestellen.
Pour demain matin, pour l'aéroport.	Für morgen früh, zum Flughafen.

Pour quatre personnes et leurs bagages.	Für vier Personen und ihr Gepäck.
À quelle adresse ?	Wie lautet die Adresse?
Donnez-moi précisément la rue et le numéro de la maison, s'il vous plaît.	Sagen Sie mir bitte die genaue Straße und die Hausnummer.
De combien de temps aurons-nous vraisemblablement besoin ?	Wie lange werden wir voraussichtlich brauchen?
Le vol est à 8h30, donc je voudrais être là-bas au plus tard à 7h15.	Der Flug ist um 8.30 Uhr, also möchte ich bis spätestens 7.15 Uhr dort sein.
Nous viendrons vous prendre à 6h30.	Wir werden Sie um 6.30 Uhr abholen.
Avez-vous une chambre libre pour cette nuit ?	Haben Sie ein freies Zimmer für heute Nacht?
Quand pensez-vous arriver ? – Environ vers …	Wann werden sie etwa ankommen? – Ungefähr um …
Deux billets pour la séance de 20 heures de « Starwoman ».	Zwei Karten für die 20-Uhr-Vorstellung von „Starwoman".
Avez-vous encore des billets pour ce soir ?	Haben Sie noch Karten für heute Abend?
J'ai deux places l'une à côté de l'autre au rang 14 ou 17.	Ich habe zwei Plätze zusammen in Reihe 14 oder 17.
D'où avons-nous la meilleure vue sur *la scène / l'écran* ?	Wo haben wir die beste Sicht auf *Bühne / Leinwand*?
Nous prenons celles au balcon.	Wir nehmen die im Rang.

Zum Thema Hotel bzw. Unterkunft siehe auch Kapitel 36.

Gut zu wissen!
Auch wenn Sie kein Opernfan sind, sollten Sie sich bei einer Reise nach Paris nicht die *Opéra Garnier* entgehen lassen. Sie ist einer der größten Theaterbauten der Welt und ein Meisterwerk (v.a. das Treppenhaus, der Festsaal und das Foyer). Weltberühmt wurde das Gebäude aber nicht durch eine Oper, sondern dank dem Roman *Le Fantôme de l'Opéra* von Gaston Leroux.

49 SMS et messages
SMS und
Messaging

Die folgenden Einträge sind zur besseren Orientierung in alphabetischer Reihenfolge angegeben. Übrigens: Oft werden im Französischen auch die gängigen englischen Abkürzungen verwendet, wie z.B. *asap (as soon as possible), 4U (for you) ...*

1mn = juste une minute	einen Augenblick
2 = de	über, von
2m1 = demain	morgen
2ri1 = de rien	gern geschehen
6né = ciné	Kino
+tard = plus tard	später
A+ / @+ = à plus tard	bis später
a2m1 / @2m1 = à demain	bis morgen
ALP = à la prochaine	bis zum nächsten Mal
b1 / bi1 = bien	gut
b1sur = bien sûr	natürlich
bcp = beaucoup	viel / sehr
BIZZ = bises	Bussis
BJ = bonne journée	schönen Tag
bjr = bonjour	hallo
BN / BON8 = bonne nuit	gute Nacht
bsr = bonsoir	guten Abend
C Pa Grave = c'est pas grave	macht nichts
cv b1 ? = ça va bien ?	geht's dir gut?
dak ! / d'ac ! = d'accord	einverstanden
D6D = décide	gib Bescheid
dsl / dzolé = désolé(e)	tut mir leid
en + = en plus	außerdem
I(E)R = hier	gestern

C'est wird generell mit *C* abgekürzt, die Vergangenheitsform *c'était* mit *Ct*.

jtm / je t'M = je t'aime	ich liebe dich
kan ? = quand ?	wann?
keske ? = qu'est-ce que ?	was?
ki ? = qui ?	wer?
komencava ? = comment ça va ?	wie geht's?
m1tNan / mnt = maintenant	jetzt
mc / mr6 = merci	danke
MDR = mort de rire	ich lach mich tot
msg = message	Nachricht
NSP = ne sais pas	weiß nicht
PDP = pas de problème	kein Problem
piG = pigé	hab' verstanden
pk ? = pourquoi ?	warum?
PLPP = pas libre pour parler	kann nicht reden
qqn / qq1 = quelqu'un	jemand
rapL = rappelle	ruf an
ri1 = rien	nichts
rstp = réponds, s'il te plaît	antworte bitte
STP = s'il te plaît	bitte
SVP = s'il vous plaît	bitte
tjs = toujours	immer
tlm = tout le monde	alle / jeder
WE = week-end	Wochenende

Qu am Wortanfang (v. a. bei Fragewörtern) wird meist mit *K* abgekürzt.

In Kapitel 50 finden Sie viele weitere Abkürzungen, die auch beim Simsen verwendet werden können.

Gut zu wissen!
Die Abkürzungen in Kurznachrichten – *SMS* oder *texto* – werden meist aus den Anfangsbuchstaben mehrerer Wörter gebildet oder stellen Wörter dar, die lautmalerisch durch Zahlen ersetzt und / oder ohne Vokale dargestellt werden. Die Zahl eins z. B. steht für die Laute *un, ein, ain* oder *in*.
„Jemandem simsen" übersetzt man übrigens mit *envoyer un texto / SMS à quelqu'un.*

50 Chat et réseaux sociaux
Chatten und soziale Netzwerke

Viele der in Kapitel 49 genannten Kürzel werden natürlich auch in Chats und Posts verwendet.

Viens sur le chat Facebook.	Komm in den Facebook-Chat.
Tu veux chatter ?	Willst du chatten?
On chatte plus tard.	Wir chatten später.
Google-Chat samedi ?	Google-Chat am Samstag?
Poste-le sur *ton mur / ta page*.	Poste es auf deiner Seite.
Partage ce lien.	Teile diesen Link.
Ça apparaît dans mon *flux / fil d'actualités*.	Es erschien in meinem News Feed.

Mit @ können Sie in einem größeren Chat deutlich machen, an wen genau der Beitrag sich richtet: *@Julie : Tu as le temps demain ?* (an Julie: Hast du morgen Zeit?)

@ = à, pour	an, für
ama = à mon avis	meiner Meinung nach
ASV ? = âge, sexe, ville ?	Alter, Geschlecht, Ort?
cad = c'est à dire	das heißt
Crieu = sérieux	ernsthaft
cv tro b1 = ça va trop bien	mit geht's super
Euh = Je ne sais pas	(ich) weiß nicht
FB = Facebook	Facebook
j'dec = je déconne	ich mach nur Spaß
jenémar = j'en ai marre	ich hab die Schnauze voll
je re = *je reviens / je suis de retour*	bin zurück
je vé = je vais	ich gehe
JMS = jamais	nie
Koi29 ? = Quoi de neuf ?	Was gibt's Neues?
OQP = occupé	beschäftigt

p2k = pas de quoi	keine Ursache
pkoi ? = pourquoi ?	warum?
ptdr = pété de rire	ich platze vor Lachen
QDN ? = Quoi de neuf ?	Was gibt's Neues?
qqch = quelque chose	etwas
raf = rien à faire	nichts zu tun
RB = reviens bientôt	bin gleich wieder da
rdv = rendez-vous	Verabredung
savapas ? = ça va pas ?	Geht's noch?
Slt = Salut	tschüss
snif	schluchz / schnief
STVCQJVD = si tu vois ce que je veux dire	wenn du weißt was ich meine
tabitou ? = Tu habites où ?	wo wohnst du?
tds = tout de suite	sofort
tkt pa = t'inquiètes pas	mach dir keine Sorgen
TOK ? = Tu es ok ?	Bist du o.k.?
TR = transférer	weiterleiten
tt = tout	alles
vrMen = vraiment	wirklich
X moi = crois-moi	glaub mir
y a = il y a	es gibt

Das *X* ist ein lautmalerisches Wortspiel mit *croix* (Kreuz) und *croire* (glauben).

Gut zu wissen!
Die Sprache in den sozialen Netzwerken ist bunt, fantasievoll und im ständigen Wandel. Viele neue Wortschöpfungen haben wir diesen Online-Foren zu verdanken.
poster = posten, d. h. einen Beitrag veröffentlichen
aimer = liken, d. h. den „Gefällt-mir-Knopf" (*le bouton j'aime*) drücken
ajouter = adden, d. h. jemanden in die Kontaktliste aufnehmen

M

Medien und Kommunikation

Bei mehreren Empfängern: *Chers tous* (formell) oder *Bonjour tout le monde* (informell).

Mögliche Entsprechungen für E-Mail: *e-mail, mail, email, mél* oder *courriel* .

51 Échanger des mails et des données numériques
Mailen und digitale Daten tauschen

Cher Monsieur / Chère Madame Boulanger,	*Sehr geehrter Herr / Sehr geehrte Frau* Boulanger,
Cher Jacques / Chère Patricia,	*Lieber Jacques / Liebe Patricia,*
Salut Sam,	Hallo Sam,
Merci pour votre *message / e-mail*.	Danke für Ihre *Nachricht / E-Mail*.
Je réponds à votre demande de lundi.	Ich antworte auf Ihre Anfrage vom Montag.
Je vous envoie ce *mail / message* rapide pour vous tenir informé(e) de la situation actuelle.	Dies ist nur eine kurze *Mail / Nachricht*, um Sie über den aktuellen Stand zu informieren.
Je joins les documents en question.	Ich hänge die betreffenden Dateien an.
Les détails exacts sont dans le PDF en pièce jointe.	Die genauen Einzelheiten sind in der angehängten PDF.
Malheureusement, vous avez oublié la pièce jointe.	Sie haben leider den Anhang vergessen.
Malheureusement, je ne peux pas ouvrir le document.	Ich kann leider die Datei nicht öffnen.
Peux-tu *me l'envoyer encore une fois / essayer un autre format ?*	Kannst du *sie noch einmal senden / ein anderes Format probieren*?
Je mets Anna Millet en copie parce qu'elle est responsable de…	Ich setze Anna Millet CC, weil sie für … verantwortlich ist.
Voudriez-vous, s'il vous plaît, transférer cela à tous les concernés ?	Würden Sie das bitte an alle Betroffenen weiterleiten?

Veuillez m'excuser, s'il vous plait, d'avoir répondu si tard.	Bitte entschuldigen Sie, dass ich erst so spät antworte.
J'ai dû m'entretenir avec *mon chef / ma chef.*	Ich musste mit *meinem Chef / meiner Chefin* Rücksprache halten.
Je me réjouis d'avoir bientôt de vos nouvelles.	Ich freue mich, bald von Ihnen zu hören.
Merci de prendre contact avec moi au cas où il y aurait un problème.	Bitte melden Sie sich, falls es ein Problem gibt.
Salutations distinguées	Mit freundlichen Grüßen
Avec mes meilleurs vœux	Mit den besten Wünschen
Regarde ça sur YouTube. Voici le lien.	Schau dir das auf YouTube an. Hier (ist) der Link.
Je télécharge les images sur le serveur.	Ich lade die Bilder auf den Server hoch.
Je mets mes photos sur le *Cloud / nuage* et je les partage avec toi.	Ich lege die Fotos in meine Cloud und teile sie mit dir.
J'ai des problèmes pour me connecter.	Ich habe Probleme, mich einzuloggen.
Il faut faire attention à la casse pour le mot de passe.	Beim Passwortfeld auf Groß- und Kleinschreibung achten.
Je reçois en permanence ce message d'erreur.	Ich bekomme ständig diese Fehlermeldung.
Est-ce que tu as déjà installé la nouvelle mise à jour ?	Hast du das neueste Update schon installiert?
As-tu déjà synchronisé ?	Hast du schon synchronisiert?

majuscule =
Großbuchstabe
minuscule =
Kleinbuchstabe

Gut zu wissen!
So lauten die Gängigen Symbole und Kürzel in
E-mail und Web-Adressen:
@ = *arobase, at*   .fr = *point FR*
.com = *point com*   / = *slash*
- = *tiret (haut)*   _ = *tiret (bas), underscore*
Übrigens: www ist im Französischen *trois w.*

52 Écrire des lettres et des cartes
Briefe und Karten schreiben

Natürlich beschränken sich diese Satzbeispiele nicht auf Briefe: Sie können sie ebenso gut in formellen E-Mails verwenden.

P. J. = pièce jointe = Anhang

Mesdames, Messieurs,	Sehr geehrte Damen und Herren,
À l'attention de (ATT)…	Zu Händen (z. Hd.) …
Je vous écris pour…	Ich schreibe Ihnen, um …
… me renseigner sur…	… mich über … zu erkundigen.
… vous remercier pour…	… Ihnen für … zu danken.
… confirmer que…	… zu bestätigen, dass …
… vous informer de…	… Sie von … zu unterrichten.
… vous faire savoir que je suis mécontent(e).	… Ihnen mitzuteilen, dass ich unzufrieden bin.
En référence à notre conversation téléphonique de mercredi dernier,…	In Bezugnahme auf unser Telefongespräch vom letzten Mittwoch …
Je joins / En pièce jointe, un fichier PDF.	Ich füge eine PDF-Datei bei.
Je me réjouis de pouvoir vous dire que…	Ich freue mich, Ihnen sagen zu können, dass …
Je regrette de devoir vous informer que…	Ich bedauere, Ihnen mitteilen zu müssen, dass …
Veuillez m'excuser pour les désagréments causés.	Ich entschuldige mich für die Unannehmlichkeiten, die Ihnen entstanden sind.
Je suis à votre disposition pour tout autre renseignement.	Für weitere Fragen stehe ich Ihnen gerne zur Verfügung.
N'hésitez pas à nous contacter.	Zögern Sie nicht, sich bei uns zu melden.

Salutations distinguées.	Mit freundlichen Grüßen
Meilleures salutations.	Mit freundlichen Grüßen
Bonjour d'Ajaccio !	Hallo aus Ajaccio!
Nous passons des moments super.	Wir haben eine tolle Zeit.
Le temps est formidable.	Das Wetter ist fantastisch.
La plage est magnifique.	Der Strand ist hervorragend.
Les gens sont vraiment *sympathiques / amicaux.*	Die Menschen sind wirklich freundlich.
Le travail ne me manque pas un instant.	Die Arbeit fehlt mir kein bisschen.
Nous avons vu beaucoup de choses et nous avons dépensé beaucoup trop d'argent.	Wir haben viel gesehen und viel zu viel Geld ausgegeben.
J'espère que tout va bien chez vous.	Ich hoffe, bei euch ist alles in Ordnung.
Nous nous réjouissons de vous revoir à notre retour.	Wir freuen uns schon auf euch, wenn wir wieder da sind.
Merci encore de t'occuper *du chat / des plantes.*	Danke noch einmal, dass du dich um die *Katze / Pflanzen* kümmerst.
Profite bien de ton anniversaire !	Genieß deinen Geburtstag!
Je te souhaite un bon séjour.	Ich wünsche dir einen schönen Tag.
Nous pensons à toi.	Wir denken an dich.
Nous restons en contact.	Wir bleiben in Kontakt.

Formelle Brief-
schlüsse haben
mittlerweile ihre
sprachliche Schwere
abgelegt. In sehr
formellen Kontexten
sind aber Formeln
wie *Nous vous prions
d'agréer, Messieurs,
l'expression de nos
meilleurs sentiments.*
nach wie vor ange-
bracht.

Standardwendungen
für Grußkarten finden
Sie auch in Kapitel 21.
Und die richtigen Worte
für weniger fröhliche
Anlässe finden Sie in
Kapitel 22.

> **Gut zu wissen!**
> Der enorme Einfluss der neuen Medien hat dazu
> geführt, dass auch die schriftlichen Umgangsformen
> im Französischen weniger förmlich geworden sind.
> Versuchen Sie bei neuen Kontakten aber, sich eher
> förmlich als zu umgangssprachlich auszudrücken,
> um nicht in ein Fettnäpfchen zu treten.

KÖRPERSPRACHE UND GESTEN

Verallgemeinerungen sind immer schwierig und riskant, aber insgesamt kann man sagen, dass die Körpersprache der Franzosen ausdrucksstärker und lebendiger ist, als die der Deutschen. Diese interkulturellen Unterschiede können auf beiden Seiten schnell zu Fehlinterpretationen führen: So kann es kommen, dass die Deutschen das französische Verhalten als übertrieben empfinden und umgekehrt die Franzosen die Deutschen für kühl und unbeteiligt halten.

Seien Sie aber auch dann vorsichtig, wenn Sie sich fremde Gesten zu eigen machen wollen, weil Sie eben nicht als kühl und unbeteiligt betrachtet werden wollen. Um so nicht gleich in ein Fettnäpfchen zu treten oder andere gar zu verärgern, ist Zurückhaltung und ein gutes Gespür für die jeweilige Situation geboten.

Weit verbreitete Gesten in Frankreich

Wenn man sich mit dem Zeigefinger an die Schläfe tippt, dann bedeutet das in Frankreich genauso wie bei uns: *C'est complètement fou !* / *Il est complètement fou !* (Das ist total verrückt! / Er ist total verrückt!)

Beide Arme hebt man angewinkelt und achselzuckend von sich weg, wenn man ausdrücken möchte, das man nichts weiß oder an einer Sache nicht schuld ist: *Je ne sais pas.* (Ich weiß nicht.) / *Ce n'est pas de ma faute.* (Das ist nicht meine Schuld.)

Wenn Sie jemandem nicht abnehmen, dass er Ihnen die Wahrheit sagt, können Sie das zum Ausdruck bringen, indem Sie die Haut unter Ihrem Auge mit dem Zeigefinger nach unten ziehen und dabei *Mon œil !* (Wer's glaubt, wird selig!) sagen.

Wenn Sie die Hand auf diese Weise über den Kopf halten und Ihren Gegenüber dabei noch gereizt ansehen, dann machen Sie auf eindringliche Weise deutlich, dass Sie genug haben: *J'en ai assez.* (Jetzt reicht's mir!) / *J'en ai marre.* (Ich hab' die Schnauze voll!)

Die gekreuzten Finger (Zeigefinger und Mittelfinger) sollen Glück wünschen: *Je croise les doigts.* (Ich drück' die Daumen.) Wie Sie an der Übersetzung unschwer erkennen können, ist es in den deutschsprachigen Ländern in diesem Fall üblich, die Daumen zu drücken und nicht die Finger zu kreuzen.

Bilden der Daumen und der Zeigefinger einer Hand einen Kreis, dann bedeutet das: *C'est super !* / *C'est parfait !* (Das ist super. / Das ist perfekt!)

PERSONALPRONOMEN UND -ENDUNGEN: DU, SIE, IHR

Die folgenden Tabellen geben nur die Formen für die 2. Person Singular *tu* („du")
und Plural *vous* („ihr" bzw. die höfliche Anrede „Sie" im Singular oder Plural) wie-
der. Sie dienen als kleine Hilfe, die Sätze der Hauptkapitel je nach Ansprechpartner
und Situation (formell oder informell) zu verändern.

Pronomen	Singular		Plural
Subjektpronomen	*tu* (du)	*vous* (Sie)	*vous* (ihr, Sie)
dir. Objektpronomen	*te* (dich)	*vous* (Sie)	*vous* (euch, Sie)
indir. Objektpronomen	*te* (dir)	*vous* (Ihnen)	*vous* (euch, Ihnen)
Reflexivpronomen	*te* (dich)	*vous* (sich)	*vous* (euch, sich)
Possessiva	*ton** (dein)	*votre** (Ihr)	*votre** (euer, Ihr)

*je nach Geschlecht/Numerus anpassen

Präsens	-er	-ir	-ir	-dre	avoir	être
tu (du)	*parles*	*finis*	*dors****	*vends*	*as*	*es*
vous (ihr, Sie)	*parlez*	*finissez***	*dormez*	*vendez*	*avez*	*êtes*

** Bei den meisten Verben auf *-ir* wird der Stamm in allen Pluralformen durch *-iss-* erweitert.
*** Bei den wenigen Verben auf *-ir* ohne Stammerweiterung im Plural verliert der Stamm im Singular
seinen Endkonsonanten.

Das **passé composé** setzt sich zusammen aus den Hilfsverben *avoir* oder *être* und
dem Partizip Perfekt des Hauptverbes, z. B. *tu as parlé, vous êtes parti(e)(s)*. Das
Partizip Perfekt verhält sich mit *être* wie ein Adjektiv und muss in Geschlecht
und Numerus dem Subjekt angeglichen werden.

Die Endungen im **Imparfait** (Imperfekt) gelten für alle Verbgruppen. Sie werden an
den Stamm der 1. Person Plural Präsens angehängt: *tu parlais, vous parliez*. Nur *être*
bildet den Stamm anders: *tu étais, vous étiez*.

Imperativ	-er	-ir	-ir	-dre	avoir	être
tu (du)	*parle*	*finis*	*dors****	*vends*	*aie*	*sois*
vous (ihr, Sie)	*parlez*	*finissez***	*dormez*	*vendez*	*ayez*	*soyez*

Häufig in höflichen Kontexten: *Veuillez...* (Imperativ 2. Person Plural von *vouloir*).

Futur / Conditionnel	-er	-ir	-dre
tu (du)	parler-*as* / -*ais*	finir-*as* / -*ais*	vendr-*as* / -*ais*
vous (ihr, Sie)	parler-*ez* / -*iez*	finir-*ez* / -*iez*	vendr-*ez* / -*iez*

Verbstamm *être* = *tu* **ser**-*as* / Verbstamm *avoir* = *tu* **aur**-*ais*

Subjonctif	-er	-ir	-dre	avoir	être
que **tu**	*parles*	*finisses*	*vendes*	*aies*	*sois*
que **vous**	*parliez*	*finissiez*	*vendiez*	*ayez*	*soyez*

Achtung bei Verben mit Stammwechsel im Präsens: *que tu viennes / que vous veniez*.